JN227382

株で勝つ！
会社四季報超活用法

会社四季報編集部 [編]

東洋経済新報社

はじめに

リスクを減らして勝率を上げる基礎知識

　大切な自分のおカネを運用するとき、あなたならどういう方法を選ぶでしょうか。

　安全性を重視するなら、定期預金や債券投資が基本でしょう。為替の影響を受けますが、金利が高い国の外貨預金という手もあります。投資信託やETF（上場投資信託）を購入すれば、国内株・外国株・商品などさまざまな金融商品に投資することができます。

　中長期で、日本経済がインフレリスクを抱えていると考えるのなら、さまざま金融商品に投資をして、自分のおカネを自分で守ることは意義深い行為だと思います。

　では、日本企業への個別株投資はどうでしょうか。**株式投資の魅力は、株価の上昇による値上がり益（キャピタルゲイン）と配当（インカムゲイン）、株主優待などを得られるということです**。とくに株価の値上がり益は、タイミングと選球眼さえよければ、大きなリターンを得られる可能性があります。1年で2割、3割どころか、もっと上昇する可能性も秘めています。

　私たち『会社四季報』（以下、『四季報』）に携わる者は株式投資を行いませんが、取材を通じて、株式投資で何億円も稼いだ人たちと実際にお会いしています。

　個別株投資の方法は、投資家ひとりひとりの資金量や年齢、性格によって千差万別。これが「正解」という投資法はありません。

ですが、株式投資で成功した人の話を聞いていると、「皆さん、よく勉強しているな」と感心させられます。共通することは、**株式投資で大きなリターン（収益）を得るために、リスクをできるだけ小さくするよう細心の注意を払っているということです。**

　そこで、本書では、『四季報』を使って、リスクをできるだけ抑えながら、リターンを高める投資手法を学ぶための基礎知識について、さまざまな角度から解説を試みました。詳しくは、各章でテーマごとに解説しますが、ここでは、個人投資家の方が株式投資の勝率を高めるための『四季報』活用術として、3つの提案をさせていただきます。

提案1　好業績で割安の銘柄に中長期で投資する

　1つめは、チャートだけを見て短期間に売買する「投機」ではなく、好業績銘柄を探してじっくりと中長期の「投資」をしましょうという提案です。そのほうが、勝率は上がるはずです。

　チャートだけを見て短期間に売買する「投機」は、勘だけが頼りのギャンブルのようなものです。ビギナーズラックはあるかもしれませんが、連戦連勝するのは至難の業でしょう。

　その点、**好業績で割安という裏付けがある銘柄を『四季報』で見つけて、その中からチャートもいい銘柄を選んで投資すれば、成功する確率は高まると思われます。**

提案2　個人投資家は大型株を避けて中小型株で勝負

　提案の2つめは、個人投資家は、わざわざ機関投資家や外国人投資家と勝負をする必要はないということです。機関投資家が組み入れるときは、証券会社アナリストが書いたレポートを参考にすることが多いですが、証券会社アナリストたちがカバーしている会社は多くて約500社だといわれています。日本の上場会社は3500社以上あります

から、大まかにいって約3000社は機関投資家以外がメインプレーヤーになっているわけです。

　大手企業の場合、たとえ好決算を発表しても、その晩の海外株式市場が下落すれば、それに引きずられて、翌日の株価が下落してしまうことがよくあります。日経平均株価との連動性が高い銘柄ほど、その傾向が強まります。その点、指数との連動性が低い中小型株なら、全体相場が下落しても、逆に株価は上がることがあります。

　機関投資家や外国人投資家と比較して、個人投資家は情報の早さや資金量で圧倒的に不利な状況にあります。ですから、**個人投資家が株式市場で負けないようにするためには、機関投資家や外国人投資家がメインプレーヤーとなる大型株ではなく、中小型株に軸足を置くという作戦のほうがいいでしょう。**そして中小型株の情報は、『四季報』の中に詰まっています。

提案3　業績を上方修正しそうな😊銘柄を選ぶ

　3つめの提案は、会社側が今期業績の上方修正をする前に、好業績銘柄を発掘しましょうということです。ほとんどの上場会社は、期初に会社計画として今期の業績予想を開示しています。会社が公の場で開示する数字なので、それなりに根拠はあるはずですが、会社によって意外なほど「クセ」を持っています。

　実際、毎年のように期中に下方修正を繰り返す会社、反対に上方修正を繰り返す会社があります。**それぞれの会社が持っている「クセ」を業界担当記者が取材によって読み解き、客観的な独自予想を作っているのが『四季報』の特長です。**

　では、『四季報』が独自に強気予想をしている会社はどうやって探せばいいのでしょうか。紙版『四季報』のオリジナルですが、誌面の欄外に、四季報予想が会社計画より強気の会社には😊（会社比強気）マー

クをつけています。四季報予想が会社計画よりとくに強気のときは😊😊（大幅強気）マークをつけています。

『四季報』には通常版（判型が小さいもの）と、ワイド版（判型が通常版の2倍で大きいもの）があります。違いは、ワイド版は文字が大きいことと、巻末に袋とじランキングがついていることです。

実は、『四季報』を発売する度に、3カ月前に発売した四季報予想のレビューを行っています。その結果は、ワイド版の袋とじランキングなどに掲載しています。そして、**😊マークをつけた会社のうち、だいたい150〜300銘柄くらいが、3カ月以内に会社側も上方修正を発表しています。その結果、わずか3カ月の間に、株価が5倍、6倍に上昇した実績もあります。**

『四季報』をパラパラめくりながら😊マークのついた会社をチェックすれば、お宝銘柄を発掘できる可能性があります。また、ワイド版の巻末付録としてつけている袋とじの中に、😊マークがついていて、業績好調で、しかも株価が割安な会社のランキングがついています。【絶好調】【飛躍】【急回復】などの注目すべき「見出し」をつけた会社も抽出してあります。銘柄選びをするときの参考にしてください。

時代に合わせて内容が進化

『四季報』は、120人以上の業界担当記者が、担当会社を定点観測して制作しています。発売日は、3月（春号）、6月（夏号）、9月（秋号）、12月（新春号）の10日〜15日頃です。

たとえば、3月期決算の場合、前期実績が初めて掲載されるのは夏号で、秋号は第1四半期実績、新春号は第2四半期（中間期）実績、春号は第3四半期実績を掲載しています。

四季報記者は、定期的に担当会社を取材して、今期と来期の業績を独自予想し、解説記事を書いています。その独自予想と解説記事は、

会社分析などで多く使われてきましたが、長年、『四季報』を読んでいると、**その時代の会社を取り巻く経済環境を表す鏡のような役割を『四季報』が果たしていることに気づきます。**

　たとえば、1985年には連結予想を開始しました。当時は連結決算ではなく単独決算が主流でしたが、時代を先取りしたものです。その後、2003年には四半期決算に対応しています。

　05年には株価指標欄を新設、09年からは会社業績計画を掲載しています。さらに、14年からは😊（会社比強気）マーク（通称ニコニコマーク）と☹（会社比弱気）マーク（通称ダメダメマーク）と比較会社欄、仕入先・販売先欄を新設しました。時代の変化、読者ニーズの変化に合わせて『四季報』も進化を続けているのです。

営業先開拓や就職先研究にも活用できる

　会社の基本、健全性、収益性、将来性の情報は、株式投資だけではなく、ビジネスでも有用です。『四季報』には、マーケティングのための市場分析や営業先の新規開拓など、ビジネスに役立つ情報がコンパクトにまとまっています。

　たとえば、ビジネスパーソンの方には、本書の第2章がお勧めです。その会社の沿革や事業が簡潔にまとめられている【特色】や、主な事業の構成比が掲載されている【連結事業】などの見方を解説しています。

　【連結事業】のカッコ内は、その事業の売上高営業利益率を表しますので、儲かっている事業か、赤字事業なのかがひと目でわかります。

　【仕入先】【販売先】には、その会社の取引先を掲載しています。新たな取引先を開拓するときの参考になるかもしれません。【比較会社】を見ると、同じような事業を手掛けるライバル会社を芋づる式に発見できます。

　また、就活中の学生の皆さんは、【従業員】に注目してください。従

業員数、平均年齢、平均年収を掲載しています。春号では、毎年、「初任給」「採用予定者数」「内定者数」を掲載しています。志望している会社の情報をしっかり確認することができます。

　さらに、第3〜5章を読めば、今現在、業績がいい会社だけでなく、将来性のある会社を見つけられるなど、企業研究に役立ちます。

　『四季報』を使えば、株式投資やビジネス、就職活動など幅広い分野で活用できる情報を手にできます。本書は、その『四季報』を読みこなすための架け橋です。本書を読みこなして、あなたも『四季報』を大いに活用してください。

＊＊＊

　なお、本書の執筆には、会社四季報編集部の広瀬泰之、野口晃、大坂直樹、石井洋平、石川正樹、岡本享、梅咲恵司、鈴木良英、松浦大が当たりました。

　2015年6月

会社四季報編集部

＊本書は投資勧誘を目的としたものではありません。銘柄の選択など、投資の最終決定はご自身の判断で行ってください。

目 次 ◎ 株で勝つ！ 会社四季報超活用法

はじめに ……………………………………………………………………… 003

第1章 最初に見るべきは、どこ？

- 01 四季報予想はこうして作られる ……………………………… 014
- 02 全社カバーは『四季報』と『会社情報』だけ ……………… 018
- 03 業績予想の根拠は「業績欄」をチェック！ ………………… 020
- 04 会社の業績と勢いがひと目でわかる ………………………… 022
- 05 会社の課題がすぐわかる ……………………………………… 024
- 06 プロは『四季報』をどう使っているか？ …………………… 026
- 07 『四季報』各号の賢い使い方 ………………………………… 028

第2章 基本のキホン 会社のことを知るには？

- 01 証券コードは会社の背番号 …………………………………… 032
- 02 ここを見れば会社の強みが1秒でわかる …………………… 036
- 03 連結事業で収益の柱をチェックしよう ……………………… 040
- 04 上場市場や本社も大事な判断材料 …………………………… 044
- 05 従業員数から優良企業を見つける方法 ……………………… 048
- 06 取引銀行で企業グループがわかる …………………………… 052
- 07 幹事証券や監査法人もチェックしておこう ………………… 054
- 08 誰が会社を支配しているのか？ ……………………………… 056
- 09 社長の名前くらいは知っておこう …………………………… 058
- 10 仕入先や販売先のチェックも忘れずに ……………………… 060

第3章 健全な会社はどう探す？

- 01 貸借対照表（BS）のここをチェック！ …………… 064
- 02 自己資本比率の増減には要注意 ……………………071
- 03 利益剰余金と債務超過 ………………………………074
- 04 注意すべき営業ＣＦの赤字と資金繰り …………… 076
- 05 倒産や上場廃止のリスクはここに表れる ………… 080
- 06 格付けもチェックしておこう！ ……………………084
- 07 金融機関の安全性はここを見る ……………………086

第4章 儲かっている会社はどう探す？

- 01 損益計算書のツボを押さえよう …………………… 094
- 02 営業利益は会社の真の実力を示す …………………101
- 03 経常利益でグループ全体の実力を知る ……………103
- 04 自己資本の増加に直結する純利益 …………………105
- 05 『四季報』では配当も独自予想 ……………………110
- 06 IFRSについても知っておこう ……………………112
- 07 よい見出しと悪い見出しの見分け方 ………………121
- 08 「業績欄」で質のチェックを忘れずに！ …………124

第5章 将来性のある会社はどう探す？

- 01 「材料欄」で成長力を先読みする ……………………130
- 02 「材料欄」は、この表現に注目！ ……………………134
- 03 長期投資なら、この数字に注目！ ……………………138

04	増資で大切なのは資金の使い道	142
05	キャッシュフローを読みこなす	144
06	会社再編の動きに注意する	149

第6章 株価を動かすのは何？

01	外国人、機関投資家に人気の銘柄は？	154
02	紙版『四季報』だけの強力な武器	157
03	四半期決算で業績修正を先取りする	162
04	株主還元に積極的な会社は？	164
05	相場テーマで連想力を磨こう	168
06	株価が割安か割高かを判断するPERとPBR	172
07	話題のROEを使って高収益企業を探す	176
08	ライバル会社の動向をチェック！	180

第7章 売買チャンスはどうつかむ？

01	単元株数で個人株主重視の会社がわかる	186
02	売りたいときに売れない株に注意	188
03	四季報チャートで株価の大局観をつかむ	192
04	移動平均線で相場の強気、弱気を判断する	196
05	信用売り残や出来高の増加は株価上昇のサイン？	200
06	短期派も中長期派もトレンドの確認を！	202
07	株価に季節性？ 相場のアノマリー	204

第 8 章 お宝株を見つける裏技は？

- 01 巻頭特集で市場と業界の動きをつかむ …………………… 210
- 02 巻頭ランキングでサプライズ銘柄を先取りする ……………… 214
- 03 😊😊銘柄も投資指標を確認しよう ………………………… 219
- 04 実質利回りの高い「お得」な会社の見つけ方 ……………… 221
- 05 個別銘柄以外にも投資対象がある ………………………… 225
- 06 新規公開株を先取りする …………………………………… 228
- 07 姉妹誌『四季報プロ500』で厳選銘柄を深読みする ………… 230
- 08 プロ並みのスクリーニング力を『CD-ROM』で身につける …… 232
- 09 四季報オンラインで最新情報をウォッチ！ ………………… 234

索引 …………………………………………………………………… 236

※本書に記載した『会社四季報』の誌面は、特に断りがない場合、2015年春号を使用しています。

第 **1** 章

最初に見るべきは、どこ？

01 四季報予想はこうして作られる

ここをチェック!

会社計画のクセを熟知した担当記者が、取材に基づいて、独自に今期、来期の業績予想数字を作成。

業界担当記者が独自取材で業績を予想

　『四季報』は、業界担当記者が日本国内における全上場会社の今期・来期業績を独自予想している企業情報誌です。

　上場会社は、証券会社やゲーム関連会社など業績計画を立てにくい業種を除いて、期初に今期業績計画を開示しています。これらの会社計画は、原材料価格の動向、工場の稼働率、納入先からの受注動向などを勘案して、合理的な計画を立てているハズです。ところが、**会社計画には驚くほど「クセ」があるのです**。

　そこで、『四季報』では、業界担当記者が取材に基づいて、独自に今期、来期の業績予想数字を作っています。

毎年、上方修正をする会社の「不思議」

　では、四季報記者はどのように独自予想をしているのでしょうか。まず、会社が発表した決算短信で前期業績や今期計画の前提条件を取材・分析した上で、会社の「クセ」を踏まえて予想します。『四季報』2015年夏号では、過去2期において、会社が上方修正、下方修正を

業界担当記者が業績を独自予想

『四季報』が独自予想を作れる理由

- 会社が期初に発表する会社計画には、各社の「クセ」がある。記者はその「クセ」を読み取って、客観的な予想を出している。
- 業界他社と比較するので、予想数字の精度が高まる。
- 会社は業績修正に慎重になる傾向があるが、記者は客観的な判断ができる。
- ベテランの編集者が何度も予想数字、記事をチェックする。

弱気な計画を出す傾向の会社イメージ（期中に上方修正しやすい）

- 最終消費財ではなく、原材料や部品などを作っている会社。納入先が発売した新商品が大ヒットして受注が増えているが、あまりにも儲かりすぎると、納入先からの値下げ圧力が気になる…。
- 経営トップが経理畑出身で、下方修正の発表を避けたい…。

強気な計画を出す傾向の会社イメージ（期中に下方修正しやすい）

- 最終消費財を作っていて、ライバル他社と激しいシェア争いをしている会社。社内の士気を高めるためにも、対外的に背伸びをした計画を発表する…。
- 経営トップが営業畑出身で、強気な計画を出したがる…。
- 経営危機に陥っている会社が、利益急回復の計画を出すことがあるので要注意。

した回数を集計しました。会社が発表した期初計画に対して、最終的な期間利益が上振れしたのか下振れしたのかも掲載しています。それを見ると、**毎年のように上方修正をしている会社もあれば、逆に下方修正を繰り返している会社があることがわかります。**

　弱気な計画を出す傾向の会社として、たとえば電子部品メーカー（Ａ社）をイメージしてみましょう。このＡ社は、納入先の電機メーカーが新発売した携帯端末が大ヒットしているため、今期は大幅な増収増益になる見込みです。ですが、Ａ社自身が大儲けするという業績計画を開示すると、納入先から値下げ要請を受ける可能性が生じます。こ

れは、たとえ話に過ぎませんが、A社の経営者が、期初に弱気な会社計画を発表したとしても不思議ではありません。

また、経営トップが経理出身だと、下方修正の記者会見を避けたいために慎重な期初計画を出すということも考えられます。

一方、強気な計画を出す傾向の会社としては、たとえばライバル他社と激しいシェア争いをしている食品会社をイメージしてください。今期に出す新商品が大ヒットすることを前提にした会社計画を開示して、社内を鼓舞すると同時に、話題づくりをしようとする経営者がいても不思議ではありません。

また、業績悪化が続いて経営危機に直面している会社の一部も、極端に強気な会社計画を開示することがあるので注意が必要です。

会社計画と乖離があるときは😄か😣マーク

業界ごとに担当している四季報記者は、会社発表の業績計画を鵜呑みにして誌面に掲載することはありません。会社への取材過程で、会社側の計画に対する根拠、説明に合理性があれば、四季報予想として会社計画の数字を採用します。この場合、会社の業績計画と四季報予想は一致します。ですが、**会社側の説明が合理性に欠ける場合などは『四季報』は会社計画と異なる独自予想を掲載します。**

四季報予想の営業利益と会社計画の営業利益に3〜30％の乖離がある場合は「😄会社比強気」または「😣会社比弱気」。30％以上乖離がある場合は「😄😄大幅強気」または「😣😣大幅弱気」と誌面の欄外に表示しています。これは、紙版のオリジナル特典です。

会社計画の3分の1が四季報予想と乖離

😄の数は、時期によって変動しますが、たとえば、『四季報』2014年秋号では、掲載会社3546社のうち、74社が「😄😄大幅強気」、

四季報予想の強気度を示すマーク

四季報予想＞会社計画（『四季報』が強気）

| 3〜30%強気のときは | ☺ | 「会社比強気」 |
| 30%以上強気のときは | ☺☺ | 「大幅強気」 |

四季報予想＜会社計画（『四季報』が弱気）

| 3〜30%弱気のときは | ☹ | 「会社比弱気」 |
| 30%以上弱気のときは | ☹☹ | 「大幅弱気」 |

四季報予想が会社計画より強気なときは、誌面欄外の☺マークで一目瞭然！

599社が「☺会社比強気」、327社が「☹会社比弱気」、89社が「☹☹大幅弱気」でした。☺または☹マークのついた会社は合計1089社で、**会社計画を発表している会社のうち、およそ3分の1の会社で四季報予想と会社計画に乖離があったことになります。**

14年秋号で四季報予想が会社計画より強気な会社は74＋599＝673社でしたが、このうち258社は早々に、次の15年新春号が出る前に、会社側も上方修正を発表しました。その中には、わずか2カ月半で株価が6倍に上昇した銘柄もあります。

会社計画は、売上高の予想が10%以上、営業利益・経常利益・純利益が30%以上変動することがわかったときは、速やかに業績修正を発表するルールを課せられています。『四季報』は、その業績修正を先取りするための大きな武器だといえます。

『四季報』ワイド版の巻末特集では、前号に『四季報』が独自に強気予想した会社が、その後、業績修正をしたかどうかを点検・公表しているので、合わせてご覧ください。

02 全社カバーは『四季報』と『会社情報』だけ

ここをチェック!

株式投資でほかの投資家の動きを知ることは重要。シェア約8割、外国人投資家も注目する『四季報』のデータが強力な武器になる。

120人以上の担当記者が全上場会社を定点観測

　『四季報』は、3カ月に1回、すべてを見直しています。

　120人以上の業界担当記者が、担当会社に取材をして今期と来期の業績予想数字を見直します。そして、業績予想の解説に加えポイントなどをわずか9行のコンパクトな記事にまとめているのです。財務、株主などのデータも直近のものに更新しています。それが会社分析の強力な武器になるのです。

　企業情報誌として、全上場会社をカバーしているのは、『四季報』と『日経会社情報』の2誌です。このうち『四季報』のシェアは約8割と圧倒的です。**ここで重要なのは、高いシェアが投資家の利益にもつながるということです。**

　たとえば、ビールの銘柄を選ぶとき「シェアが高いからこれを飲もう」と考える人はいないでしょう。ところが、企業情報誌になるとそうはいきません。「株は美人投票」というのは、あのケインズの有名な言葉です。株価は多くの人が買うと上がるので、業績がよくなりそうだなどの理由で、みんなが票を入れそうな会社を探し出すことはとて

『四季報』はなぜ、株式投資で重視されるのか

見た目
① コンパクトで見やすい
② 全上場会社を掲載

中身
③ 業績予想の精度が高い
④ データの正確性

↓

⑤ 企業情報誌として高いシェア

↓

株式市場へ大きな影響力

日本の株式市場に大きな影響力を持つ外国人投資家も、Toyokeizai Yosouを投資の参考にしている!

も重要です。周りの空気を読まずに、ひとり意地を張るのは株式投資において得策ではありません。

　ちなみに、**海外で日本企業の業績予想といえば四季報予想のことを指します。**Toyokeizai Yosouとして定着しています。日本の株式市場に大きな影響力を持つ外国人投資家も四季報予想を投資の参考にしているのです。ですから、実際の株式市場に影響を与える企業情報という観点では、シェアは8割よりもっと高いといえるでしょう。

　『四季報』が誕生して、2016年で80年になります。この間、業績の2期予想を始めたり、株価指標欄や😊(会社比強気)マークを新設するなどして、『四季報』は常に読者のニーズを意識しつつ誌面のリニューアルを行ってきました。コンパクトな作り、データの正確さ、業績予想の信頼性、全上場企業の網羅性。そして信頼の積み重ね。これらが、株式市場で『四季報』が重視される理由なのです。

03 業績予想の根拠は「業績欄」をチェック!

ここをチェック!

会社分析をするには業績の裏付けが重要。短いコメントから企業業績の中身が読み取れる。

四季報予想の根拠をコンパクトな記事に凝縮

　『四季報』でもっとも注目されるのは、業績予想です。**その予想数字を作った根拠を短い文章で説明しているのが「業績欄」です。**

　『四季報』の記事は19文字×9行というコンパクトな誌面ですが、記事前半が今来期の業績動向について書いた「業績欄」、後半が中長期的な成長戦略や課題について書かれた「材料欄」です。

　2つある「見出し」は、1つめが「業績欄」、2つめが「材料欄」というわけです。

　「業績欄」は、原則として業績予想1期目の動向についてコメントをしています。決算期末が近い場合には、「○年○月期は」という断り書きをして、業績予想2期目についてコメントしています。

　その内容は主要セグメントごとの販売状況、原価、販売費・一般管理費などコスト要因の変化を踏まえた営業利益の状況を中心に記述しています。**営業利益は本業の「稼ぐ力」を端的に表しているからです。**営業外損益や特別損益、また、読者の関心が高い配当も大きな動きがあるときは随時、解説を加えています。

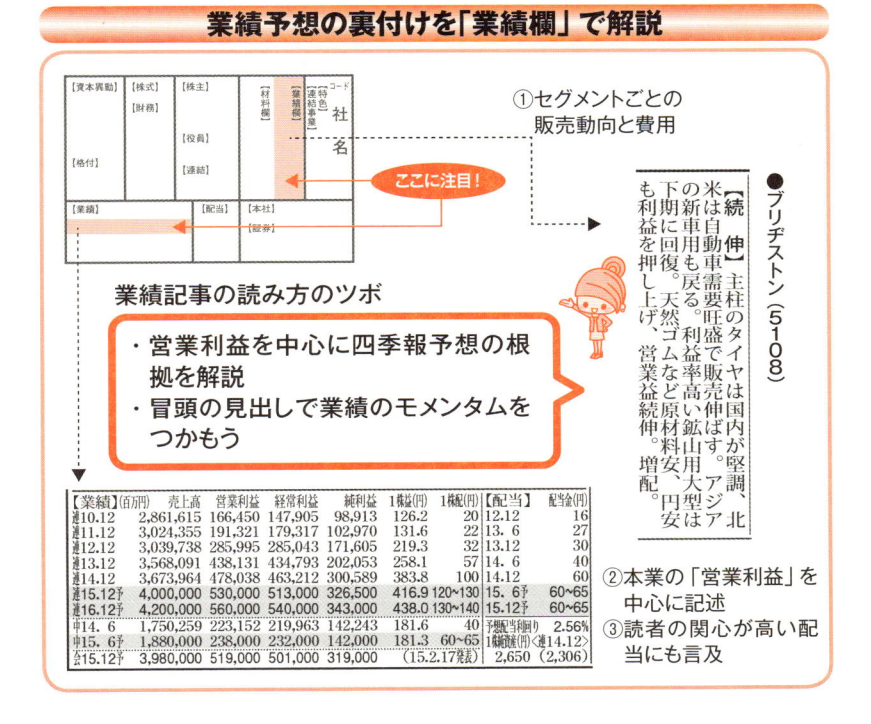

業績予想の裏付けを「業績欄」で解説

ここに注目！

①セグメントごとの販売動向と費用

●ブリヂストン（5108）
【続伸】主柱のタイヤは国内が堅調、米新車用も戻り需要旺盛で販売数量伸ばす。天然ゴムなど原材料安、円安もアジア北米利益率高い鉱山用、大型化で利益押し上げ。営業益続伸。増配。下期は自動車需要回復。

業績記事の読み方のツボ
・営業利益を中心に四季報予想の根拠を解説
・冒頭の見出しで業績のモメンタムをつかもう

②本業の「営業利益」を中心に記述

③読者の関心が高い配当にも言及

【業績】(百万円)	売上高	営業利益	経常利益	純利益	1株益(円)	1株配(円)	配当(円)	配当金(円)
連10.12	2,861,615	166,450	147,905	98,913	126.2	20	12.12	16
連11.12	3,024,355	191,321	179,317	102,970	131.6	22	13. 6	27
連12.12	3,039,738	285,995	285,043	171,605	219.3	32	12.12	30
連13.12	3,568,091	438,131	434,793	202,053	258.1	57	14. 6	40
連14.12	3,673,964	478,038	463,212	300,589	383.8	100	14.12	60
連15.12予	4,000,000	530,000	513,000	326,500	416.9	120～130	15. 6予	60~65
連16.12予	4,200,000	560,000	540,000	343,000	438.0	130~140	15.12予	60~65
中14. 6	1,750,259	223,152	219,963	142,243	181.6	40	予想配当利回り	2.56%
中15. 6予	1,880,000	238,000	232,000	142,000	181.3	60~65	1株純資産(円)〈連14.12〉	
会15.12予	3,980,000	519,000	501,000	319,000	(15.2.17発表)		2,650	(2,306)

業績予想の裏付けがわかる

　業績欄は、その会社の前期実績に対して、あるいは『四季報』前号の予想に対して、どう変化するかという視点で記述しています。

　会社分析をする上で、業績予想の裏付けを知ることは重要です。「増益」でも、どの事業、どの商品が牽引役かで今後の成長性は違ってくるからです。売上高は伸びず、必要な経費を先送りして一時的に利益を絞り出すという減量経営型の増益となっている会社もあります。

　「減益」も、積極投資負担などによる前向きな減益もあれば、抜本的な再建の手だてがない筋の悪い減益の会社もあります。そうした会社業績の機微を業績記事から、ぜひ読み取ってください。

04 会社の業績と勢いが ひと目でわかる

限られた文字数で会社の業績が書いてある「業績欄」は、見出しを読むコツをつかめば、判断材料のヒントが得られる。

「業績欄」の見出しでその会社の勢いを知ろう

『四季報』の記事は、限られた文字数で会社の業績・業容を言い表す必要があります。そのため、重複や冗長な表現を削り、独特の用語や言い回しを使うことがあります。

慣れない読者にとっては一見、難しそうに見えるかもしれませんが、コツをつかめば判断材料のヒントを豊富に得ることができます。

「業績欄」の記事を把握するのに便利なのが、業績の勢いをひと言に凝縮した見出しです。見出しには、表にまとめたように大きく2つの評価基準があります。1つは過去実績との比較で、2つめは『四季報』前号との比較になります。

このうち過去実績との比較の代表例は【増益】や【減益】です。今期の四季報予想が、前期実績に対し増えるか、減るかを表しています。

2つめの前号比較の代表例は、【増額】や【減額】です。今号の四季報予想の営業利益が、3カ月前に発売した前号の予想に対し、増えるか、減るかを表します。会社計画との比較ではなく、あくまで『四季報』の独自予想の前号比増減であることに留意してください。

第1章　最初に見るべきは、どこ？

プラスイメージの「業績欄」の見出しに注目

	マイナスイメージ	中立的	プラスイメージ	
利益が対象	【大赤字】【不透明】【急悪化】【急落】【均衡圏】【減収減益】【微減益】【下降】／【大幅減益】【ゼロ圏】【急反落】【続落】【赤字続く】【反落】【軟調】【小幅減益】	【鈍化】【横ばい】／【底打ち】【伸び悩み】【下げ止まり】	【微増益】【増益】【好転】【高水準】【急回復】【連続増益】【続伸】【飛躍】【絶好調】／【小幅増益】【堅調】【復調】【好調】【急反発】【V字回復】【大幅増益】【急拡大】【最高益】*【連続最高益】	過去実績との比較
配当が対象	【減配】【無配】【無配続く】【減配か】／【減配】【無配】【無配も】	【無配】【減配も】	【増配】【復配】【記念配】／【増配か】【復配か】【復配も】	
利益が対象	【減益幅拡大】【下振れ】【減額】【下方修正】【大幅減額】／【一転赤字】	【増益幅縮小】	【減益幅縮小】【一転黒字】／【増益】【上方修正】【増額】【大幅増額】【増益幅拡大】【上振れ】**【独自増額】	四季報前号との比較

＊【最高益】【連続最高益】は純利益が対象。それ以外は原則として営業利益が対象。
＊＊【独自増額】は『四季報』の前号ではなく会社計画が比較対象。

【増益】は前期実績との比較、【増額】は前号の『四季報』との比較。

　株式投資などでは、期中の業績見通しの変化が、株価に大きな影響を与えます。そのため、『四季報』では前期との比較に加えて、前号比の見出しも使っているのです。

　なお、【増額】は、程度に応じて【上方修正】【増益幅拡大】【一転増益】【一転黒字】【減益幅縮小】などと言い換えています。また、【減額】は、【下方修正】【減益幅拡大】【一転減益】【一転赤字】【増益幅縮小】など、ニュアンスを含め表現に工夫をこらしています。

　配当の増減も、株価などに大きな影響を与えます。『四季報』では、業績予想だけでなく配当も独自予想しています。配当に変化があるときは、配当を対象にした見出しもつけています。【連続増配】【増配か】などという記述は要注目です。

05 会社の課題がすぐわかる

株価を大きく動かすことがある「材料欄」。成長戦略や課題を継続的に見ることで、その会社の将来性がわかる。

「材料欄」で、会社の成長力や課題を読み取ろう

株価を左右する要因は、今期と来期の業績見通しだけではありません。業績以外の「材料」も会社の成長力を占うには重要です。

記事の後半にあたる「材料欄」では、これから数年先の収益力に影響を与えるトピックスや、会社が取り組んでいる課題、経営目標、株式需給動向などを記述しています。こうした「材料」は株価を大きく動かすことがあります。

来期以降の業績など会社の成長力につながる話としては、設備投資や店舗展開の動向に注目できます。自動車部品など積極的に海外展開している会社の中には、ミャンマーやラオス、バングラデシュなどの新興国で工場を新設する動きが広がっています。

また、もともと関西や九州地盤のチェーン店が関東に出店攻勢をかけたり、反対に関東から関西圏へ進出することで収益基盤の拡大を目指す動きにも要注目です。

「材料欄」では、会社が抱えているさまざまな課題について、四季報記者が読者の視点に立って指摘することもあります。

中長期で見た成長性を「材料欄」から読み取ろう

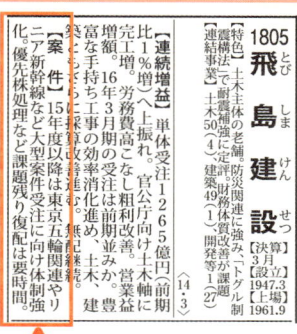

1805 飛島建設
[特色] 土木主体の老舗。防災関連に強み（「トグル制」）、耐震補強工事に定評。財務体質改善が課題。土木50（4）、建築49（5）、開発等1（27）
[連結増益] 連結事業：土木50(4)、建築49(5)、開発等1(27)
[決算] 3月 [設立] 1947.3 [上場] 1961.9
[連続増益] 単体受注1265億円（前期比1％増）。官公庁向け土木を軸に完工1％増。16年3月期の受注は手持ち工事の効率消化進め、並みか。営業益、富ますに寄与する労務費高騰補利改善、粗利改善進む。無記続。
[案件] 15年度以降は東京五輪関連やリニア新幹線など大型案件受注に向け体制強化。優先株処理など課題残り復配は要時間。

→ 土木、建築工事の増加で利益は増加しているが、優先株が残り財務体質に課題が残ることから、復配にはまだ時間がかかると記者が分析。

5921 川岸工業
[特色] 主力の鉄骨の受注計画160億円（前期191億円）。鉄骨専業。高層ビル・PC鋼板向け成長、高層ビル向けも実績。鉄骨93%、プレキャストコンクリート7
[単独事業] 鉄骨93、プレキャストコンクリート7
[決算] 9月 [設立] 1947.3 [上場] 1962.1
[黒字定着] 主力の鉄骨の受注計画160億円（前期191億円）は保守的。受注は下支えし増加。工事主線完工受注は前期からの複数の大型案件を納め生産効率化、鉄骨単価や生産効率の上昇と下で採算改善。小幅増益。
[更新投資] 岡山、山口両工場で老朽化した一部設備の更新を計画。生産現場の省力化、省エネ化で生産効率アップ図るも、人手不足が鮮明化、人材確保が課題に。

→ 受注は順調ながら、生産現場の高齢化や人手不足が進んでおり、人材の確保が課題であると記者が指摘。

　たとえば、老舗建設会社の飛島建設（1805）では、2015年春号の「材料欄」で、「優先株処理など課題残り復配は要時間」と指摘しています。一見すると、期間利益が急回復しているので復配するのではないかと思われそうですが、過去の経営が苦しいときに発行した優先株の処理が残っているため、配当を行うまでには、しばらく時間がかかるという課題を記者は指摘しているのです。

　鉄骨工事主体の川岸工業（5921）では、「材料欄」で「生産現場の高齢化、人手不足が鮮明化、人材確保が課題に」と人手不足の深刻さを指摘しています。

　このように、『四季報』の「材料欄」を読むことで、**その会社の成長戦略や課題が浮かび上がってきます**。会社が、それらの成長戦略や課題に今後どう対応するかを継続的に見ていけば、その会社の将来性を見定めることができるようになるでしょう。

06 プロは『四季報』をどう使っているか?

【独自増額】【絶好調】【躍進】など、高評価を表す「見出し」をチェックして、有望会社を探し出す!

欄外マークと「見出し」の合わせ技

　さまざまな情報が盛り込まれた『四季報』ですが、長年使いこなしている達人たちは、どのように活用しているのでしょうか。

　ある個人投資家の方は、発売日の朝、『四季報』を入手したら、急いで3回『四季報』をめくるのだそうです。

　1回目は、欄外にある😊（会社比強気）マークや前号比修正矢印と見出しをチェック。気になる銘柄には付箋を立てておきます。

　2回目は業績数字を点検して、銘柄を絞り込みます。

　そして、3回目は、付箋が残っている銘柄の記事をじっくり読み、株価チャートを見て投資すべきかどうかの検討をするのだとか。

　全ページをじっくり読むのは大変な作業になるので、**欄外のマークと見出しを活用して、気になる銘柄をスクリーニングしてから読み込もうという作戦**です。

　ある投信投資顧問のファンドマネージャーも、運用先選びには『四季報』の見出しを活用していると話していました。

　「『四季報』の発売当日に、若手が気になる見出しの会社をリスト

プロも注目する見出しでお宝銘柄を発掘する

コード	社名	決算期	今号の【見出し】	四季報予想営業利益 今期増益率(%)	四季報予想営業利益 来期増益率(%)	株価情報 予想PER(倍)	株価情報 PBR(倍)	株価情報 配当利回り(%)	最低購入額(万円)
6762	TDK	◎15.3	【絶好調】	91.2	37.1	24.3	1.37	1.11	81.1
5486	日立金属	連15.3	【絶好調】	29.3	23.4	14.6	1.92	1.05	191.2
6981	村田製作所	◎15.3	【絶好調】	66.8	21.4	18.0	2.64	1.32	135.9
4819	Dガレージ	連15.6	【絶好調】	72.5	15.6	16.8	2.48	1.34	18.7
3299	ムゲンエステト	連15.12	【急 伸】	27.0	25.0	10.1	2.99	1.04	21.2
2353	日本駐車場開発	連15.7	【急 伸】	32.8	16.1	15.6	9.01	2.29	1.4
7513	コジマ	単15.8	【急回復】	87.9	15.6	12.8	0.64	1.16	3.5
4004	昭和電工	連15.12	【急回復】	90.3	15.0	15.0	0.75	1.90	15.8
6927	ヘリオステクH	連15.3	【急拡大】	44.2	153.3	15.3	1.01	2.33	4.3
6387	サムコ	単15.7	【急拡大】	122.7	29.8	21.3	1.14	1.37	11.0
2121	ミクシィ	連15.3	【連続最高益】	10,316.7	66.0	11.0	8.90	1.81	43.8
3252	日本商業開発	連15.3	【連続最高益】	129.2	36.4	20.3	4.49	1.39	19.4
6952	カシオ計算機	連15.3	【連続最高益】	39.2	35.1	19.8	2.74	1.74	20.1
6768	タムラ製作所	連15.3	【連続最高益】	74.3	31.0	12.2	1.02	1.62	43.2
2362	夢真HLD	連15.9	【連続最高益】	50.8	30.4	19.6	8.18	3.67	8.2
7013	IHI	連15.3	【連続最高益】	31.4	28.6	22.4	2.44	1.08	55.8
9513	J-POWER	連15.3	【連続最高益】	14.9	25.0	15.2	1.15	1.67	41.9

(注)『四季報』2015年春号ワイド版袋とじランキングから抜粋。

投信投資顧問のファンドマネージャーは、気になる見出しをチェックして、自分が運用するファンドに組み入れるかどうか確認している!

アップして、ファンドマネージャーたちに配布する。各ファンドマネージャーは、そのリストを手掛かりに自分が運用しているファンドに組み入れるべきかどうかを検討する」といっていました。

　気になる見出しとしてリストアップされるのは、【絶好調】【最高益】【続伸】など、「業績欄」の見出しの中でも特に評価が高いものが多くなるそうです。

　『四季報』ワイド版の袋とじには、今号の見出しで特に注目できる会社を編集部が選んで掲載しています。【独自増額】【急回復】【連続最高益】【上振れ】など、サプライズを起こしそうな見出しが並んでいるので、ぜひ有望会社探しにお役立てください。

07 『四季報』各号の賢い使い方

年4回発売される『四季報』はそれぞれ特徴がある。各号の特徴を使ってサプライズ銘柄を見つけよう!

各号の注目ポイント

『四季報』は年4回(3月、6月、9月、12月)発売されますが、毎号で活用するポイントは変わります。

上場会社の約7割は3月期決算です。3月期決算企業を例に各号のポイントを整理すると図のようになります。

まず、**6月発売の「夏号」は5月までに出そろった前期決算を掲載している期初の号です**。記者は取材を通じて会社計画が甘すぎたり、堅すぎたりしないかを吟味して、前期実績との比較を中心にまとめます。

9月発売の「秋号」は4~6月の第1四半期決算を収録します。記者は第1四半期の実績を踏まえ、為替や市況などの前提条件に変化はないか、会社計画に狂いが生じていないかなどを確認します。狂いが生じている会社は、独自に四季報予想を立て、「業績欄」で解説します。

12月発売の「新春号」は4~9月の第2四半期決算を収録します。事業年度の折り返し地点を過ぎて、そろそろ通期業績が見通せます。記者の腕の見せ場です。独自の上振れ、下振れ予想が増えてきます。新春号は、もっともサプライズが多くなりやすい号です。

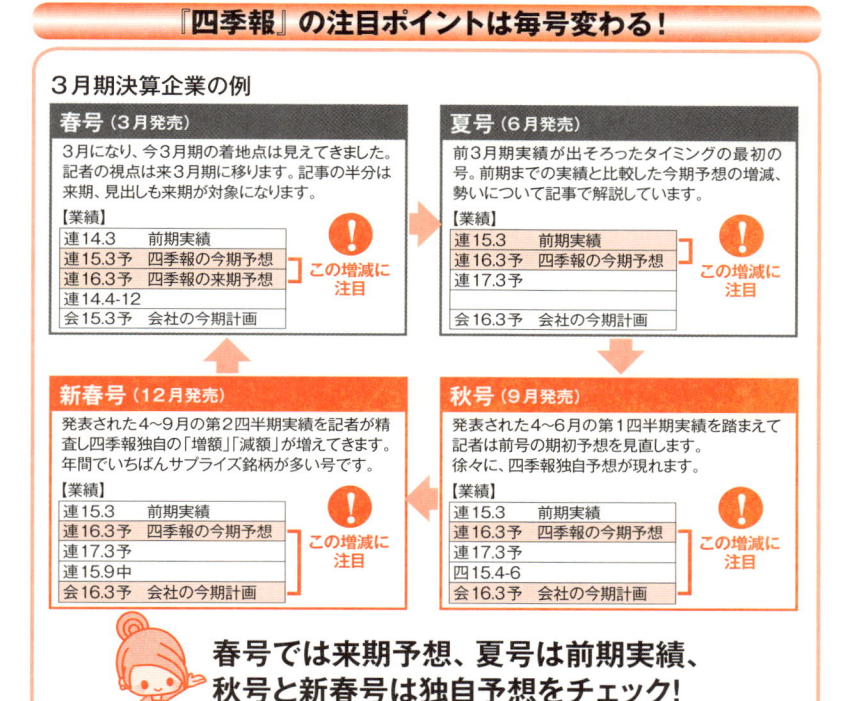

『四季報』の注目ポイントは毎号変わる！

3月期決算企業の例

春号（3月発売）
3月になり、今3月期の着地点は見えてきました。記者の視点は来3月期に移ります。記事の半分は来期、見出しも来期が対象になります。

【業績】
連14.3	前期実績
連15.3予	四季報の今期予想
連16.3予	四季報の来期予想
連14.4-12	
会15.3予	会社の今期計画

→ この増減に注目

夏号（6月発売）
前3月期実績が出そろったタイミングの最初の号。前期までの実績と比較した今期予想の増減、勢いについて記事で解説しています。

【業績】
連15.3	前期実績
連16.3予	四季報の今期予想
連17.3予	
会16.3予	会社の今期計画

→ この増減に注目

新春号（12月発売）
発表された4〜9月の第2四半期実績を記者が精査し四季報独自の「増額」「減額」が増えてきます。年間でいちばんサプライズ銘柄が多い号です。

【業績】
連15.3	前期実績
連16.3予	四季報の今期予想
連17.3予	
連15.9中	
会16.3予	会社の今期計画

→ この増減に注目

秋号（9月発売）
発表された4〜6月の第1四半期実績を踏まえて記者は前号の期初予想を見直します。徐々に、四季報独自予想が現れます。

【業績】
連15.3	前期実績
連16.3予	四季報の今期予想
連17.3予	
四15.4-6	
会16.3予	会社の今期計画

→ この増減に注目

春号では来期予想、夏号は前期実績、秋号と新春号は独自予想をチェック！

　3月発売の「春号」は4〜12月の第3四半期決算を収録します。3月期決算はまもなく終わり、来期が始まるタイミングです。記者の視点も、来期の動向に移ります。「業績欄」のコメントは、半分以上が来期に関するものとなり、見出しも来期の業績を対象に表現しています。来期業績を先取りして会社を選び出すには打ってつけです。

　欄外の前号比修正矢印は、今期予想営業利益の前号比増減率を表しています（第6章参照）。これを使えば、『四季報』が「増額」した会社を簡単に探せます。ただ、夏号の場合は、前号で2期目予想だった数字との比較になるので、使い方には注意が必要です。

第 **2** 章

基本のキホン
会社のことを知るには？

01 証券コードは会社の背番号

証券コードを使えば、知りたい会社の株価情報や会社概要、関連記事などがスムーズに検索できる。

証券コードは会社の背番号

　『四季報』の社名の上についている4ケタの数字は、証券コードと呼ばれ、上場会社の背番号のようなものです。上場する際に、証券コード協議会によって定められています。

　もともと証券コードは、業務内容に基づいて番号が定められています。『四季報』では、1968年秋号から掲載していますが、当時は、水産・農林1300番台、建設1700〜1900番台、食料品2000番台、化学4000番台、機械6000番台、自動車など輸送用機器7000番台、銀行8300番台、不動産8800番台、情報・通信9400番台、電気・ガス9500番台など業種ごとにまとまっていました。

　100の位で業種が細分化されている場合もあります。代表的なのは3000番台の繊維製品で、下3ケタが000番台は絹紡織、100番台は綿紡織、200番台は毛紡織、300番台は麻製品、400番台は化学繊維、500番台はそのほか繊維製品などとコードが振られています。

　証券コードの下2ケタが「01」の会社は、たとえば、2001が日本製粉、5401が新日鐵住金、6501が日立製作所など、その業界の代

証券コードと業種

証券コード	業種	証券コード	業種
1300 ～	水産・農林業	7000 ～ 7499	輸送用機器
1500 ～ 1699	鉱業	7700 ～ 7799	精密機器
1700 ～ 1999	建設業	7800 ～ 7999	その他製品
2000 ～ 2999	食料品	8000 ～ 8299	卸売業・小売業
3000 ～ 3599	繊維製品	8300 ～ 8599	銀行・その他金融業
3700 ～ 3999	パルプ・紙	8600 ～	証券・先物取引業
4000 ～ 4999	化学・医薬品	8700 ～	保険業
5000 ～	石油・石炭製品	8800 ～	不動産業
5100 ～	ゴム製品	9000 ～	陸運業
5200 ～ 5399	ガラス・土石製品	9100 ～	海運業
5400 ～ 5699	鉄鋼	9200 ～	空運業
5700 ～ 5800	非鉄金属	9300 ～	倉庫・運輸関連業
5900 ～	金属製品	9400 ～	情報・通信業
6000 ～ 6499	機械	9500 ～	電気・ガス業
6500 ～ 6999	電気機器	9600 ～ 9999	サービス業

もともとの証券コードは、その会社の業務内容に基づいて番号が定められている。

表的な会社や老舗企業が多く、「01銘柄」と呼ばれるときもあります。

　ただ近年は、該当する業種とは異なる番号がつけられるケースが増えています。上場会社数の増加や、IT関連などの新しい業種から上場する会社が増えたため、該当する業種のコードが不足したことや、合併、経営統合によって業態が変わる会社が出てきているためです。

　たとえば、流通コングロマリットとしてライバル関係にあるセブン＆アイHDとイオンの場合、イオンは8267と商業の番号ですが、セブンは8000番台ではなく3382です。セブンの前身であるセブン-イレブン・ジャパンは8183、イトーヨーカ堂は8264と、ともに商業に属していましたが、統合で番号が変わってしまった例です。

証券コードで迅速に検索

　証券コードと業種が結びつかない会社が出てきましたが、今でも多くの会社のコードは業種に基づいて分類されていますし、気になる会

社のコードは覚えておくと便利です。

　実際、『四季報』や株式投資雑誌はコード順に掲載されていることが多く、社名索引などで探さなくても知りたい会社を素早く探せます。同様の理由で、インターネットでの情報収集もスムーズです。たとえば「会社四季報オンライン」では、コードを入力するだけで該当する会社の株価情報や会社概要、関連記事などを簡単に手に入れることができます。

　また、電話で株式の売買注文などを出す際も便利です。化学メーカーの東ソーとインテリアのトーソーは、ともに読みが「とーそー」ですが、4042の東ソー、5956のトーソーと言い分ければ、間違いなく伝えることができます。

　株式会社には、会社名の前に「株式会社」がつく前株、会社名のあとに株式会社がつく後株の2つがありますが、『四季報』では、前株の場合は（株）をつけ、後株は省略しています。歴史のある大企業が多い東証1部では6割強が後株、新進気鋭の会社が多い新興市場では、前株が多い傾向があります。前株と後株に大きな意味の違いはありませんが、ビジネス上の取引などで株式会社を社名の前につけるか、後につけるかはとても重要なことなので覚えておいてください。

東証33業種と東洋経済業種

　『四季報』欄外の「建設」「食料品」「電気機器」「小売業」などは、その会社が属する東証33業種です。これも証券コード協議会が定めたもので、10の大分類と33の中分類がありますが、**中分類は東証33業種と呼ばれ、『四季報』以外でも幅広く利用されています**。一方、【業種】に記載している業種は、東洋経済新報社が独自に設定した業種です。売上高ではなく、その会社の利益がどのような事業から生まれているかという収益性を元に業種を60に分類しているので、東証

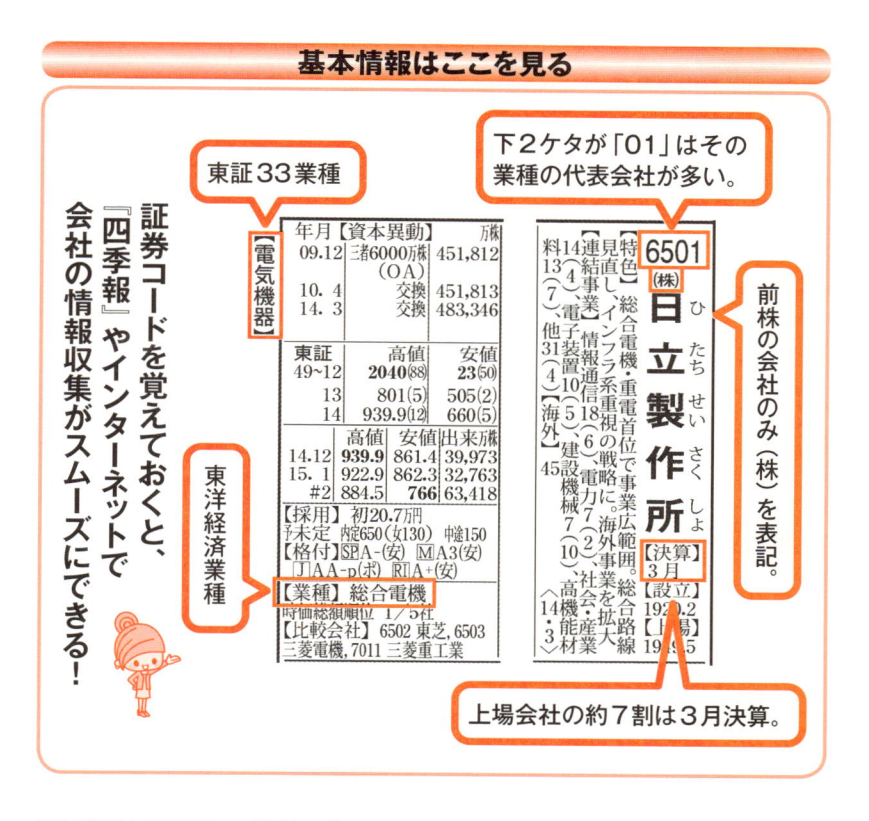

第2章　基本のキホン　会社のことを知るには？

基本情報はここを見る

東証33業種

下2ケタが「01」はその業種の代表会社が多い。

【電気機器】

年月	【資本異動】	株
09.12	三者6000i株 (OA)	451,812
10. 4	交換	451,813
14. 3	交換	483,346

東証	高値	安値
49~12	2040(88)	23(50)
13	801(5)	505(2)
14	939.9(12)	660(5)

	高値	安値	出来株
14.12	939.9	861.4	39,973
15. 1	922.9	862.3	32,763
#2	884.5	766	63,418

【採用】　初20.7円
予末定 （記）650（⼥130）（中）150
【格付】SP A-(安) M A3(安)
　　　JA A-p(ポ) R A+(安)
【業種】総合電機
時価総額順位 1/5社
【比較会社】6502 東芝, 6503
三菱電機, 7011 三菱重工業

東洋経済業種

6501
(株)
日立製作所 (ひたちせいさくしょ)

前株の会社のみ（株）を表記。

【特色】総合電機・重電首位で事業広範囲。インフラ系重視の戦略に。海外事業を拡大
【連結事業】情報通信18(6)、電力7(2)、建設機械7(10)、高機能材料14(3)、社会・産業路線10(5)、電子装置10(4)、他31(7)、〈海外〉45

【決算】3月
【設立】1920.2
【上場】1949.5

上場会社の約7割は3月決算。

証券コードを覚えておくと、『四季報』やインターネットで会社の情報収集がスムーズにできる！

33業種とは異なる業種分類になっている場合もあります。

　なお社名の下の【決算】は、各会社の本決算月を表しています。かつてはトヨタ自動車（7203）が6月、松下電器産業（現・パナソニック（6752））が11月決算など決算月はさまざまでしたが、今では3月決算が上場会社の約7割を占めています。

　最近では、会社のグローバル化が進むなか、欧米など海外で主流の12月決算を選択する会社も増えていますが、小売業のように冬物シーズンが終わる2月、夏物が終わる8月のように、棚卸しに合わせて決算月を設定している会社もあります。また、決算が月末でない場合は、「2.20」「3.20」などのように決算期末日を掲載しています。

02 ここを見れば会社の強みが1秒でわかる

【特色】の2行を見るだけで、社名だけではわからない事業内容から特徴までがひと目でわかる。

事業内容、業界順位をチェック

　株式投資やビジネス、就職活動などで会社のことを研究するには、まず会社の特徴や事業の内容をしっかり把握することが大切です。大成建設（1801）や武田薬品工業（4502）のように、社名で事業内容がひと目でわかる会社もありますが、最近はIT関連会社を中心にカタカナやアルファベットの社名が増えており、社名を見ただけでは、どのような事業を行っているかわかりにくくなっています。

　その際、便利なのが『四季報』の【特色】です。**ここでは、わずか2行の文章で、その会社の特徴と主要な事業、業界内での地位やシェア、系列、企業グループなどをコンパクトに解説しています。**

　たとえば、スタートトゥデイ（3092）を見てみましょう。社名から事業内容を推測することはほとんどできませんが、『四季報』2015年春号の【特色】を見ると、出店企業からの販売手数料を収益源としているネット通販の会社であることがわかります。

　ホンダ（7267）では、4輪事業は北米を地盤に世界8位である一方、2輪事業では世界のトップメーカーであることがわかります。また、

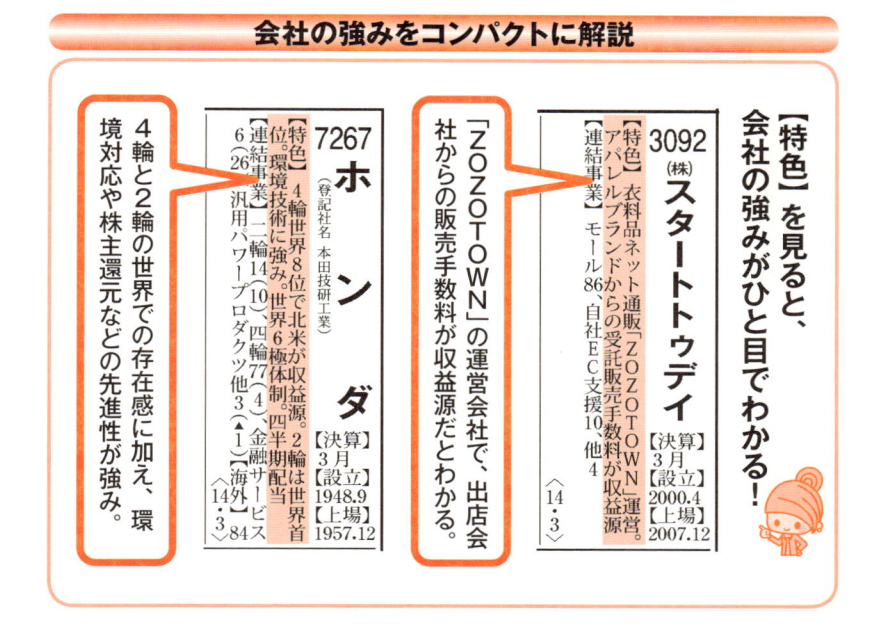

会社の強みをコンパクトに解説

【特色】を見ると、会社の強みがひと目でわかる！

3092 (株)スタートトゥデイ
【特色】衣料品ネット通販「ZOZOTOWN」運営。アパレルブランドからの受託販売手数料が収益源
【連結事業】モール86、自社EC支援10、他4〈14・3〉
【決算】3月【設立】2000.4【上場】2007.12

→「ZOZOTOWN」の運営会社で、出店会社からの販売手数料が収益源だとわかる。

7267 ホンダ
登記社名 本田技研工業
【特色】4輪世界8位で北米が収益源。2位。環境技術に強み。世界6極体制。2輪は世界首位
【連結事業】二輪14（10）、四輪77（4）、金融サービス6（26）、汎用パワープロダクツ他3（1）〈海外14・3〉84
【決算】3月【設立】1948.9【上場】1957.12

→4輪と2輪の世界での存在感に加え、環境対応や株主還元などの先進性が強み。

ハイブリッド車など環境対策に力を入れている背景に加え、配当も年4回の実施で先行していることなど、業界内での位置づけや、強みがわかります。

なお、業界内での順位づけが難しい場合は、「最大手級」や「準大手」「大手○社の一角」などのように表している場合もあります。

財閥、グループを確認

その会社がどのような系列やグループに入っているかも重要な情報ですが、**【特色】**では、「○○系」「○○グループの一員」など、企業グループとの関係も記載しています。たとえば三菱商事（8058）では、「総合商社首位。三菱グループ中核。原料炭等の資源筆頭に機械、化学品、食品等の事業基盤厚い」と、三菱グループの中心であることが記載されています。三菱グループのほか、三井、住友、安田、古河な

ど旧財閥に属する会社については、重要な情報として系列やグループ名、その中での位置づけを記載するようにしています。

　また、**親会社や企業グループ向けの売上比率を記載している場合もあります。**東海理化（6995）を見ると、「トヨタ系自動車部品メーカー。スイッチ、キーロック、シートベルト大手。8割弱がトヨタ関連」とあり、トヨタ自動車グループの一員であること、そしてトヨタグループ向けの売上高が全体の8割近くに達していることがわかります。

3カ月ごとに見直し、最新の情報を掲載

　日本の会社でも、2000年4月に誕生したみずほフィナンシャルグループ（8411）をはじめ、三井銀行と住友銀行、NKKと川崎製鉄の経営統合など、大規模な再編が進んでいます。また、個々の会社を見ても、新たな事業を始める老舗企業が現れるなど、会社は日夜変化し続けています。

　そのため、【特色】は『四季報』発売の3カ月ごとに必ず見直しを行うとともに、できる限りその会社の由来やその後の変遷がわかるように工夫しています。

　みずほフィナンシャルグループを見ると、「旧富士、第一勧業、日本興業の3行が前身。銀行・信託・証券の連携加速。3大金融グループの一角」とあります。同グループが富士銀行、第一勧業銀行、日本興業銀行の3行が経営統合して誕生し、各銀行傘下の証券会社や信託銀行の再編・統合を進めていること、さらに三菱UFJフィナンシャル・グループ（8306）、三井住友フィナンシャルグループ（8316）とともに金融の3大グループを形成していることがわかります。

　老舗の会社を見てみましょう。中村屋（2204）は、「インドカレーの草分け。和菓子老舗。中華まんが収益源で下期偏重。不動産賃貸事業も展開」と、本格的なインドカレーを生み出した同社の歴史に触れるとともに、過去に蓄積した資産を利用して不動産賃貸を行っているこ

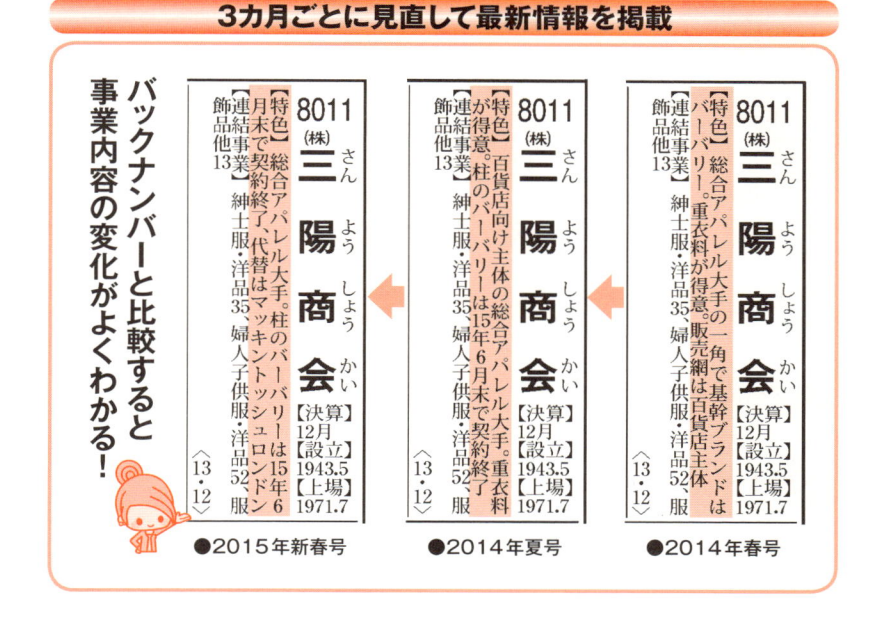

3カ月ごとに見直して最新情報を掲載

バックナンバーと比較すると事業内容の変化がよくわかる！

●2015年新春号
8011 (株)三陽商会
【特色】総合アパレル大手。柱のバーバリーは15年6月末で契約終了、代替はマッキントッシュロンドン
【連結事業】紳士服・洋品35、婦人子供服・洋品52、服飾品他13
【決算】12月 【設立】1943.5 【上場】1971.7
〈13・12〉

●2014年夏号
8011 (株)三陽商会
【特色】百貨店向け主体の総合アパレル大手。重衣料が得意。柱のバーバリーは15年6月末で契約終了
【連結事業】紳士服・洋品35、婦人子供服・洋品52、服飾品他13
【決算】12月 【設立】1943.5 【上場】1971.7
〈13・12〉

●2014年春号
8011 (株)三陽商会
【特色】総合アパレル大手の一角で基幹ブランドはバーバリー。重衣料が得意。販売網は百貨店主体
【連結事業】紳士服・洋品35、婦人子供服・洋品52、服飾品他13
【決算】12月 【設立】1943.5 【上場】1971.7

とがわかります。

　上場会社でもっとも歴史が古い松井建設(1810)は、「1586年創業、社寺建築で優れた技術。学校、福祉建設等民間建築中心。太陽光発電事業も」と、創業年を掲載するとともに、太陽光発電など社名からイメージできないビジネスを手掛けていることも確認できます。

　ここ1～2年で事業内容が大きく変化している例では、三陽商会(8011)があります。2014年春号までは「総合アパレル大手の一角で基幹ブランドはバーバリー。重衣料が得意。販売網は百貨店主体」でしたが、14年夏号は、バーバリーの部分が、「柱のバーバリーは15年6月末で契約終了」と書き換えられました。15年新春号では、「総合アパレル大手。柱のバーバリーは15年6月末で契約終了、代替はマッキントッシュロンドン」と、代替ブランドについて言及するなど、【特色】は絶えず新しい内容となるように努めています。

03 連結事業で収益の柱をチェックしよう

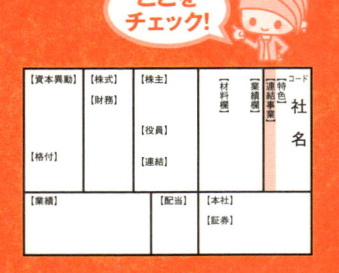

ここを
チェック！

【連結事業】を見ると、どの事業が儲かっているのかが一目瞭然。ライバル会社と比較すれば強みもわかる。

収益柱の事業をチェック

　会社を研究する際の基本は、**その会社の利益の源泉となっている事業が、どの事業かをしっかりつかむこと**です。そのとき便利なのが『四季報』の【連結事業】(単独決算企業の場合は【単独事業】)です。

　ここでは、直近決算期時点での主要事業の売上高構成比(全売上高に占める各事業の割合)を記載しています。構成比の後ろのカッコ内の数値は、事業ごとの売上高営業利益率(各事業の営業利益÷各事業の売上高)で、▲印がついている場合はその事業が赤字であることを示しています。

　【連結事業】を見ると、**その会社の主力事業がどれかがひと目でわかるだけでなく、個々の事業のうちどの事業が儲かっているのかが一目瞭然**です。5年前や3年前など時系列で比べたり、ライバルと目される会社と比較したりすれば、その会社の姿を、よりはっきりとつかむことができます。

過去との比較で成長分野を確認

　東レ(3402)の【連結事業】を見てみましょう。東レの場合、「繊維、

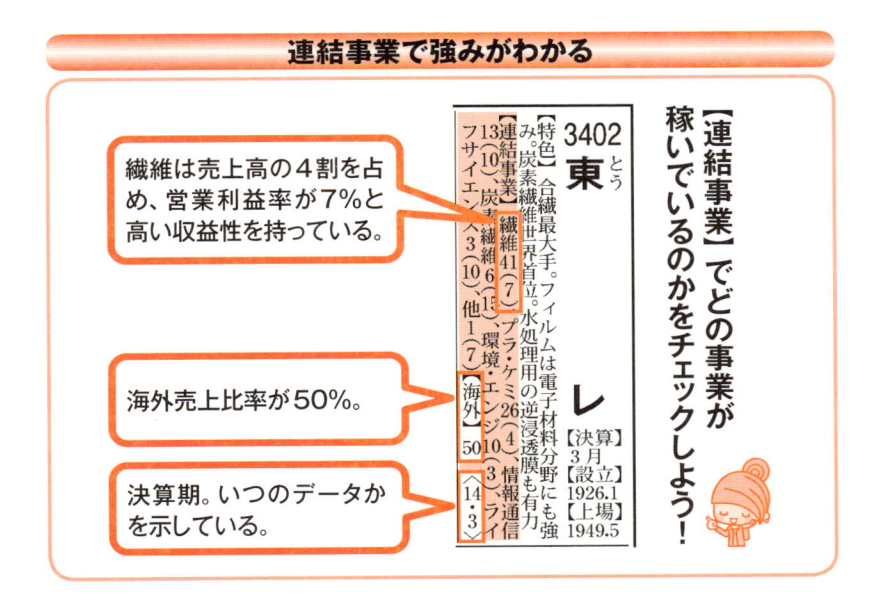

連結事業で強みがわかる

【連結事業】でどの事業が稼いでいるのかをチェックしよう！

3402 東レ

【特色】合繊最大手。フィルムは電子材料分野にも強み。炭素繊維世界首位。水処理用の逆浸透膜も有力
【連結事業】繊維41(7)、プラ・ケミ26(4)、情報通信13(10)、炭素繊維6(13)、環境・エンジ3(10)、ライフサイエンス3(10)、他1(7)〔海外〕50〈14・3〉

【決算】3月
【設立】1926.1
【上場】1949.5

- 繊維は売上高の4割を占め、営業利益率が7％と高い収益性を持っている。
- 海外売上比率が50％。
- 決算期。いつのデータかを示している。

プラ・ケミ、情報通信、炭素繊維、環境・エンジ、ライフサイエンス、他」と、その事業が多岐にわたっていることがわかります。そして繊維は売上高の41％を占めていますが、実はプラ・ケミや情報通信など非繊維のほうが売上規模の面では大きくなっていることがわかります。

しかし、営業利益率に目を向けると、繊維は7％と比較的儲かっている事業であり、売上規模を考えると、東レの利益の柱は依然として繊維事業であることを確認できます。

5年前や3年前の『四季報』と、現在の『四季報』で東レの【連結事業】を比べてみるとどうでしょうか。事業構成が変化していることや、個々の事業の収益貢献度の変遷を理解できます。

炭素繊維はまだ売上高構成比の1割にも達していませんが、東レは炭素繊維で世界首位のメーカーです。航空機のほか、自動車向けなどにその用途が拡大するにつれて、売上高に占める構成比はジワジワと

ライバル会社との比較に便利

3401 帝人（ていじん）
【特色】独立系の合成繊維大手。繊維、フィルム、医薬医療併営。環境経営構造改革。炭素繊維世界2位
【連結事業】高機能繊維・複合材料16〈4〉、ヘルスケア18〈18〉、製品32〈14-2〉、電子材料・化成品11〈2〉、他3〈-〉、海外37
【決算】3月　【設立】1918.6　【上場】1949.5

3407 旭化成（あさひかせい）
【特色】1922年創業の総合化学企業。住宅、建材、電子部材、医薬・医療など事業多彩
【連結事業】ケミカル42〈5〉、繊維4〈4〉、ケミカル・繊維6〈7〉、エレクトロニクス8〈20〉、住宅28〈12〉、建材3〈8〉、医薬・医療14〈-3〉、他1〈4〉、海外32
【決算】3月　【設立】1931.5　【上場】1949.5

> 同じ繊維発祥の会社でも、帝人はヘルスケア、旭化成は住宅が最大の収益源！

上がっています。2013年3月期は4％でしたが、直近では6％まで上昇し、利益率も9％から15％まで向上しています。

　時系列で見ても、全体の売上高、利益が伸びている中で構成比が上昇しているため、炭素繊維は名実ともに東レの成長事業の筆頭ということがわかると思います。

ライバル会社との比較に便利

　【連結事業】を利用して、ライバル会社と比較すれば、より理解を深めることができます。ここでは、合成繊維大手の帝人（3401）、化学メーカー大手の旭化成（3407）と比べてみましょう。

　帝人の【連結事業】は、「高機能繊維・複合材料、電子材料・化成品、ヘルスケア、製品、他」に分かれています。売上高が大きいのは、テキスタイル、衣料、産業分野にまたがる製品事業ですが、もっとも稼いでいるのは医薬品や在宅医療機器のヘルスケアです。

一方、旭化成の【連結事業】は、「ケミカル、住宅、医薬・医療、繊維、エレク、建材、クリティカ、他」とあります。ケミカルが最大の売上高を誇りますが、利益の中核は住宅ということがわかります。

　【連結事業】で比較すると、同じ合繊メーカー、化学メーカーのライバル会社でも、繊維の東レ、ヘルスケアの帝人、住宅の旭化成という各社の強みを、より正確に把握できます。

海外売上比率も表記

　【連結事業】の後ろにある【海外】は、**日本からの輸出や、米国、中国などの現地子会社が生産・販売した売上高など、海外での売上高が全体の売上高に占める比率（海外売上比率）を表しています**。

　この欄は、単独決算の会社の場合は、売上高に占める輸出比率を示した【輸出】、商社などでは売上高に占める輸出入や三国間取引の比率を示した【貿易】になります。ここを見れば、どの程度グローバル化が進んでいる会社かがわかります。

　一方、銀行は【連結事業】の代わりに、資金構成、資産運用比率、融資比率を記載しています。普通預金や定期預金等の割合を示す【資金】、総資産における現・預け金、有価証券、貸出金などの比率を示す【資産】、中小企業等向け、住宅・消費者向けの融資比率を示した【融資】の3項目を表示しています。

　なお、末尾の＜14・3＞は決算期を指し、【連結事業】などのデータが、いつ時点のものであるかを示しています。

　『四季報』では、「記事欄」の前半部分の「業績欄」は、主として【連結事業】の構成に基づいて記述しています。**「業績欄」を読むときには、【連結事業】の事業構成や事業ごとの売上高営業利益率を一度確認してから記事を読むとわかりやすくなると思います**。

04 上場市場や本社も大事な判断材料

いつ会社ができたのか、どこに本社があるのか、どの市場に上場しているのか。基本情報から会社の顔が見えてくる。

地力のある会社は設立年でわかる

　設立や上場年月、上場市場、本社所在地も、会社のことを知る重要な手掛かりとなります。『四季報』では、会社の基本情報として社名欄の中に【設立】【上場】として株式会社の設立年月と上場した年月、社名欄の下に【本社】として、会社の本社所在地を掲載しています。

　【設立】は、会社が本格的に立ち上がった年月で、原則、株式会社として登記した年月を示しています。設立年がもっとも古い会社は第四国立銀行として1873年に創立された、新潟の第四銀行（8324）です。**設立年の古い会社は、戦後の混乱期やバブル崩壊など経済の荒波のなかでも生き残ってきた地力のある会社といえるかもしれません。**

　また、世界遺産となった富岡製糸場を保有していたことで知られる片倉工業（3001）は1920年設立ですが、【特色】に「1873年繊維で発祥」とあるように、明治初期に事業を始め、生糸会社として明治維新後の日本経済を主導してきました。現在は養蚕技術などを背景にした医薬品事業や消防車などの機械関連事業、さらに工場跡地を活用した不動産事業も展開する、多角化した会社となっています。

設立年で会社の歴史を知る

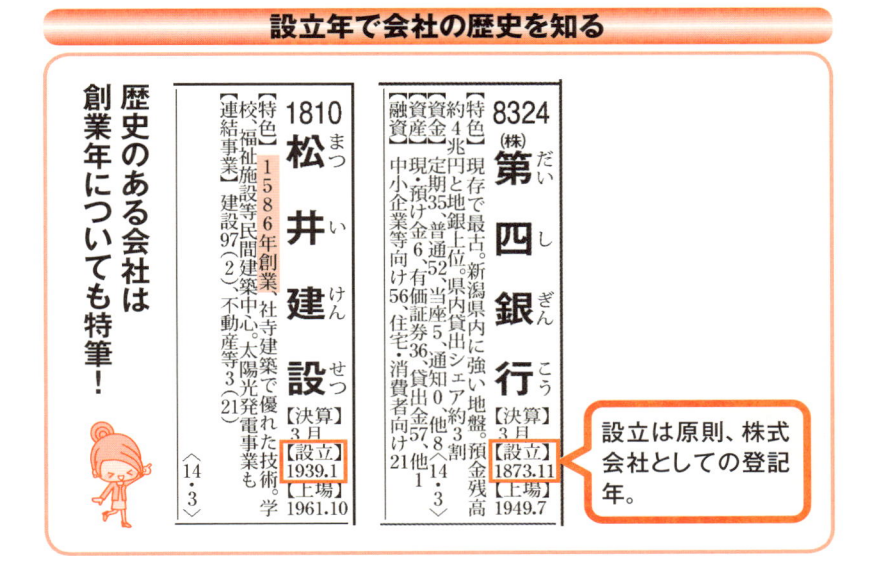

歴史のある会社は創業年についても特筆！

[松井建設の四季報抜粋]
1810 松井建設
【特色】社寺建築で優れた技術。1586年創業、校・福祉施設等民間建築中心。太陽光発電事業も
【連結事業】建設97（2）、不動産等3〈21・3〉
【決算】3月
【設立】1939.1
【上場】1961.10
〈14・3〉

[第四銀行の四季報抜粋]
8324 ㈱第四銀行
【特色】現存で最古。新潟県内に強い地盤。県内貸出シェア約3割、預金上位。
約4兆円
資本金有価証券536、貸出金5748他1
資産現定期・普通52、当座5、通知0、他6
融資中小企業等向け56、住宅・消費者向け21
【決算】3月
【設立】1873.11
【上場】1949.7
〈14・3〉

> 設立は原則、株式会社としての登記年。

　株式会社として登記する前に事業を始めていた場合、一般的には創業年が用いられることがありますが、『四季報』では設立年を基準として掲載しています。ただ、創業年を特筆すべき会社である場合は、社名の左隣の【特色】で触れていることがあります。

　ちなみに、上場会社でもっとも創業が古い会社は松井建設（1810）です。『四季報』では1939年設立と記載するとともに、【特色】で「1586年創業」と触れています。なお起源は加賀藩前田家の城大工です。

市場によって株価の動きに特徴がある

　【上場】はその会社が初めて株式を公開した年月を示しています。ここで興味深いのは、上場年月によって、産業の栄枯盛衰がわかることです。

　繊維や鉄鋼、化学、造船など、古くからある伝統的産業の多くは、

東京証券取引所が戦後再開された1949年や翌年の1950年が上場年となっています。続いて1960年代にはエレクトロニクス、70年代はスーパー、80年代は専門店チェーン、90年代は情報処理、2000年前後からは、ITやサービス関連の会社の上場が増えています。

市場には1部市場や2部市場のほか、JASDAQ、東証マザーズなど新興市場があり、上場の条件は市場ごとに定められています。大まかにいうと、1部は上場時の株主数や株式時価総額、流通株式数、経常利益の基準が厳しく、新興市場はそれが緩めに設定されています。

そのため、**1部市場に上場している会社は、発行済み株式数も多く、株価の動きは比較的緩やかになります。逆に、新興市場に上場している会社は、株価の値動きが荒くなることが多いので、株式投資などの際は注意が必要です。**

本社は会社の顔

上場年月の下の欄に掲載されている、【本社】では、本社所在地や電話番号を掲載しています。本社は実質的な本社機能があるところで、登記上の本社とは異なります。伊藤忠商事（8001）など関西を発祥とする会社は東西2本社制を採用しているところが少なくありませんが、こうした場合は【本社】のほか【東京本社】も掲載しています。

【本社】を注意深く見ると、本社ビルを自社で建てる会社もあれば、信越化学工業（4063）のように工場への投資を優先するため、本社は賃貸ビルに入居している会社があることがわかります。また、日産自動車（7201）のように都心を離れ、創業の地に本社を移す会社も出てきています。急成長を遂げたIT関連の会社では、駅から離れた賃貸ビルから都心部の豪華なビルへ本社を移転するケースも目立ちます。

ただ、本社移転後に業績が落ち込む会社が多いというジンクスもありますので、要注意です。**本社は会社の「顔」ともいわれます。本社**

本社は会社の顔

●信越化学工業（4063）

【本社】100-0004東京都千代田区大手町2-6-1 朝日生命大手町ビル ☎03-3246-5011
【支店】大阪☎06-6444-8201,名古屋,福岡
【工場】直江津,武生,群馬(磯部,松井田),鹿島

【従業員】〈14.12〉連18,291名 単2,747名(42.5歳) 年822万円
【証券】上東京,名古屋 幹野村,大和,日興,三菱UモルU 名三菱U信 監新日本
【銀行】三菱U,八十二,三菱U信,新生
【仕入先】三菱商事,三井物産
【販売先】三菱商事,三井物産

→ 信越化学工業は工場への投資を優先するため、本社は賃貸ビルに入居していることがわかる。

●ヤオコー（8279）

【本社】350-1123埼玉県川越市脇田本町1-5 ☎049-246-7000
【店舗】埼玉77,千葉22,栃木5,群馬13,茨城7,東京7,神奈川6 計137 26.6万㎡

【従業員】〈14.9〉連2,680名 単2,102名(37.0歳) 年500万円
【証券】上東京 幹(主)野村,日興,三菱Uモル,水戸,むさし 名三菱U信 監A＆Aパートナーズ
【銀行】武蔵野,埼玉りそな,三井住友
【仕入先】―
【販売先】―

→ 優良スーパーとして有名なヤオコーはバックナンバーと比較すると、埼玉から南関東への進出を加速していることがわかる。

本社を見てその会社の体質を知ることは大切！

を見てその会社の体質を知ることは大切です。

【本社】の下には、【工場】【支店】【営業所】などを掲載しています。メーカーの場合は主として工場や支店、小売業や銀行、証券では店舗数、鉄道では路線距離キロ数、海運では支配船腹数などを掲載し、会社の主要な拠点や事業の規模がわかるようになっています。

小売業の場合などは、**過去の『四季報』と見比べて、店舗数の増減を知ることで会社が拡大路線にあるのか、縮小過程にあるのかを確認できます。**また、同業他社と比較して、その拠点数からどのエリアに強い会社なのかを知ることもできます。

05 従業員数から優良企業を見つける方法

ここをチェック！

売上高だけではなく、1人当たりの売上高や利益を計算すれば、トヨタを超える優良企業が見つかる！

従業員数は会社の効率性の指標に

　『四季報』には優良企業を見つけることができるヒントが数多く掲載されていますが、実は、【従業員】にもそのヒントが隠されています。ここでいう従業員数とは、役員やパートなどを含まない、いわゆる正社員のことで、連結決算会社は連結対象の子会社を含めたグループ全体の従業員数と、その会社単独の従業員数の両方、非連結決算の会社では単独の従業員数を記載しています。

　上場会社には、従業員30万人を超えるトヨタ自動車（7203）や日立製作所（6501）、20万人を上回るパナソニック（6752）やNTT（9432）など超大企業がある一方、100人に満たない中小企業やベンチャー企業もあります。こうした規模が異なる会社を単純に比べても、あまり意味はありません。

　【従業員】を有効活用するには、まず『四季報』に掲載されている売上高や営業利益を従業員数で割ってみることをお勧めします。これで1人当たりの売上高や利益を計算でき、人員の効率性を測る指標にすることができます。

従業員数から効率性を見る

●トヨタ自動車（7203）

【業績】(百万円)	売上高	営業利益	税前利益	純利益	1株(円)	1株(円)
○12.3	18,583,653	355,627	432,873	283,559	90.2	50
○13.3	22,064,192	1,320,888	1,403,649	962,163	303.8	90
○14.3	25,691,911	2,292,112	2,441,080	1,823,119	575.3	165
○15.3	27,000,000	2,730,000	2,960,000	2,150,000	683.5	190~205
○16.3予	27,800,000	2,960,000	3,160,000	2,300,000	731.2	210~220
中14.9	12,925,597	1,351,946	1,509,174	1,126,636	356.1	75
中15.9予	13,500,000	1,450,000	1,600,000	1,200,000	381.5	85~95
四14. 4-12	19,522,529	1,855,984	2,022,481	1,526,087	481.6	
四14. 4-12	18,526,614	2,114,826	2,355,635	1,726,863	545.9	
○15. 3予	27,000,000	2,700,000	2,920,000	2,130,000	(15.2.4発表)	

【本社】471-8571愛知県豊田市トヨタ町1 ☎0565-28-2121
【東京本社】☎03-3817-7111
【名古屋オフィス】☎052-552-2111
【工場】本社,元町,上郷,高岡,三好,堤,他6
【従業員】〈14.12〉連343,716名 単・・名(38.8歳)年794万円
【銀行】4市場,NY,LON 幹(主)野村副日興,三菱UモルガS,大和,みずほ 名三菱U信 監あらた
【証券】三菱U,三井住友

25兆6919億1100万円÷34万3716人＝約7500万円

1人当たりの売上高は、人員の効率性を測る指標！

　『四季報』2015年春号で、トヨタの1人当たりの売上高を計算してみると、約7500万円でした。同様に、気になった会社を電卓で計算してみてください。トヨタの経営効率を上回る中堅企業など、隠れた優良企業を探すことができるかもしれません。

　過去の『四季報』と比べて、**従業員数の増減を調べるのも有益な方法です**。たとえば、2008年度から2013年度までの5年間、リーマンショックや東日本大震災など経済的な打撃が大きかった時期には、新卒採用の抑制や、リストラを行う会社が続出しましたが、その中でも自動車関連など、従業員を着実に増やしてきた会社はありました。そうした会社の中には、リーマンショックによる落ち込みからいち早く脱し、業容拡大に転じる会社が多くありました。

平均年齢で会社の活力を知る

　平均年齢も大切なポイントです。【従業員】の従業員数の右には、その会社の単独ベースの従業員の平均年齢を記載していますが、**平均年齢はその会社の活力、将来性を見る指標として有用です。**

平均年齢で会社の活力を知る

●サマンサタバサ（7829）

【本社】107-0061東京都港区北青山1-2-3　☎03-5412-8193
【店舗】関東120,関西60,中部27,九州21,北海道10,東北6,北陸5,中国・四国10　計259
【従業員】〈14.8〉連2,087名 単…（26.1歳）年346万円
【証券】東京② 幹野村 名みずほ信 監新日本
【銀行】三井住友,みずほ,三菱U,三井住友信,新生
【仕入先】清原
【販売先】丸井

●太平洋興発（8835）

【本社】111-0041東京都台東区元浅草2-6-7 マタイビル　☎03-5830-1601
【支店】札幌☎011-251-1201,釧路☎0154-25-1411,帯広☎0155-24-0660
【従業員】〈14.3〉連859名 単256名（57.4歳）年309万円
【証券】東京 幹(主)野村幹大和 監三井住友信 監新日本
【銀行】北洋,釧路信金,帯広信金
【仕入先】―
【販売先】釧路コールマイン

> 平均年齢が20歳代の会社はかなり若い会社。

> 成熟段階にある会社は、新卒採用が少なく、平均年齢が高くなりがち。

伸び盛りの会社は、新入社員を大量に採用しているため、平均年齢が若くなる傾向がある。

　ネット関連やスマホ関連など伸び盛りの会社では、新入社員を大量に採用しているため、平均年齢が若くなる傾向があります。一方、成熟段階にある会社や、成長が一服して踊り場にある会社では、新卒採用は少なく、平均年齢は高くなりがちです。

　『四季報』15年春号での全上場会社の平均年齢は39.7歳なので、平均年齢が20歳代の会社はかなり若い会社といえるでしょう。

　もっとも平均年齢が若い会社は、サマンサタバサジャパンリミテッド（7829）の26.1歳。バッグやジュエリー、アパレルブランドを擁するサマンサタバサの主要顧客は若い女性で、販売員にも若い女性が多いためです。一方、もっとも年齢が高いのは太平洋興発（8835）の57.4歳です。柱の事業だった炭坑が02年に閉山となり、現在は輸入炭販売や不動産賃貸を展開しています。新卒や若手社員の採用が少なく、既存社員がそのまま定着していることで、平均年齢が高まっているようです。

年収は同業で比較

```
●日本テレビHD (9404)
【本社】105-7444東京都港区東新橋1-6-1
        ☎03-6215-4111
【主要子会社】日本テレビ放送網 東京都港区東
新橋1-6-1、BS日本 東京都港区東新橋1-6-1、
シーエス日本 東京都千代田区二番町14、バッ
プ 東京都千代田区四番町5-6
【従業員】<14.12>4,120名 平・29(47.0歳) 年1,454万円
【証券】東東 幹事野村 監三井住友信 監トーマ
ツ 【銀行】みずほ、三井住友、三菱U
【仕入先】―
【販売先】電通

●フジ・メディアHD (4676)
【本社】137-8088東京都港区台場2-4-8
        ☎03-3570-8000
【主要子会社】フジテレビジョン、BSフジ、ディ
ノス・セシール、ポニーキャニオン、サンケイビ
ル
【従業員】<14.12>6,126名 平35名(43.4歳) 年1,506万円
【証券】東東 幹事大和、日興、野村 監みずほ信
監新日本
【銀行】みずほ、三菱U、三井住友
【仕入先】―
【販売先】電通
```

平均年収1000万円を超える会社は、放送局や総合商社、損保などに多い。

同業他社と比べて、年収の水準に違和感がないかなどを確認しよう!

　平均年齢が若いということは、成長余力があると見ることもできます。ですが、毎年多くの新卒を採用している一方、営業などのノルマが厳しく、大量採用・大量退職というケースもあります。いわゆる「ブラック企業」です。平均年齢の若い会社では、事業内容などを注意深く見た上で、総合的に判断することが必要です。

年収は同業で比較

　従業員数や平均年齢に続き年と表示しているのが、平均年収です。平均年収は、残業代やさまざまな手当て、賞与を含めた年収です。

　平均年収1000万円を超える会社を見てみると、放送局や総合商社、損保など、高給のイメージがある会社が並びます。ただ、**重要なことは、従業員に報いつつ、着実に成長を続けている会社かを判断することです**。単に多いか少ないかを見るのではなく、同業他社と比べ、違和感がないかなどを確認するのに使うとよいでしょう。

06 取引銀行で企業グループがわかる

ここをチェック！

【銀行】で、取引銀行やメインバンク、企業グループをチェックすれば、その会社の安全度がわかる。

メインバンクをチェックしよう！

『四季報』では、【本社】の下にある【銀行】に取引銀行を掲載しています。株式市場に上場している会社でも、必要資金のすべてを株式市場から調達しているわけではありません。多くの会社が銀行からの借り入れを活用しています。新しい仕入先や販売先の獲得に銀行の紹介が役立つこともあります。

取引銀行がどこであるかは、会社を評価する上で重要な情報の1つといえるでしょう。

取引銀行が複数ある場合には、どの銀行が最初に記載されているかも重要なポイントです。必ずというわけではありませんが、最初に名前が出てくる銀行がメインバンクという可能性は少なくありません。

特に株式市場から株式を調達することが難しい中小企業で、業績不振が続いているような会社は、メインバンクがどこであるかを必ずチェックしましょう。メインバンクがはっきりしない会社は、経営不振のときに頼れる金融機関がないという事態に陥りかねないからです。

企業グループは同様の株価の動きをすることも

　取引銀行をチェックすることで、その会社がどのような企業グループに属しているかを知ることもできます。たとえば、取引銀行に三菱東京UFJ銀行、三菱UFJ信託銀行など三菱系の銀行が多く出てくる場合は、その会社は三菱グループと関係が深いと推測することができます。

　特定の企業グループと関係が深いと、企業グループ向けに商品を安定的に販売できる、原料を企業グループから安定的に調達できるなどのメリットが出てきます。経営不安に陥った場合も、企業グループから支援を受けられる可能性が出てきます。このため、**ある会社の株価が上昇（または下落）した場合、同じグループの会社の株価が同様の値動きをすることもあります**。

07 幹事証券や監査法人もチェックしておこう

株式公開の引受業務を担う幹事証券は、上場後も重要な役割がある。力のある証券会社かどうかチェックしよう。

幹事証券には上場後も重要な役割がある

　『四季報』では、【本社】の下にある【証券】に幹事証券を掲載しています。幹事証券とは、会社が株式を公開するときや、上場した後に新株や社債などを発行するときの引受業務を行う証券会社です。(主)は幹事の中心となる主幹事、(副)は副幹事を示しています。

　会社の新規上場に際しては、上場への準備作業、上場審査のアドバイス、株式公開価格の決定など、主幹事証券会社はもっとも大きい責任を担います。どのような証券会社が主幹事を務めているかは、株式投資をする上での重要な情報の1つです。

　幹事証券は、上場後もさまざまな重要な役割を求められます。たとえば、新株発行や社債発行など会社の根本にかかわる資本政策をどうしたらよいか、他企業から買収提案があったときの対応はどうすべきか、ストックオプションや従業員持株会はどのように導入・管理したらよいかなど、**会社が抱えるこうした課題に幹事証券として適切な助言をしていかなければなりません。**

　それだけの力のある証券会社が幹事となっているかどうかは、株式

主幹事証券をチェック!

●ジャパンディスプレイ（6740）
【本社】105-0003東京都港区西新橋3-7-1
☎03-6732-8100
【工場】千葉,埼玉,愛知,鳥取,石川
【事業所】大阪,神奈川
【従業員】<14.9>▲16,679名 ▲6,071名(42.4歳)年694万円
【証券】[上]東京[幹](主)野村
ス,大和,日興,みずほ,東海東京,岡三,いちよ
し,藍澤,水戸,マネックス [名]三井住友信 [監]あ
ずさ【銀行】みずほ,三井住友
【仕入先】―
【販売先】―

2014年の大型上場として注目を集めたジャパンディスプレイの主幹事証券は野村證券。野村證券は14年のIPOの3割強で主幹事を担った。後には、大和証券、SMBC日興証券、みずほ証券が続いた。

幹事証券は、上場後もさまざまな重要な役割を求められる。力のある証券会社が幹事になっているか確認しよう!

投資をする上でも目を配りたいところです。

株式市場も厳しい目で見始めた監査法人

『四季報』で、【証券】の中に[監]として掲載している監査法人も要注目です。

株式を公開している会社は公認会計士によって決算内容が適正であるかどうか、監査を受ける義務があります。しかし、過去には粉飾決算に監査法人の会計士自身が関与したこともあり、監査法人に対する信頼は大きく揺らぎました。どの監査法人が監査しているのか、株式市場も厳しい目で見始めています。

監査法人と会社との間で意見が食い違うケースも多く発生しています。頻繁に監査法人が変わるような会社には、注意したほうがよいでしょう。

08 誰が会社を支配しているのか?

ここをチェック!

上位の株主を見れば、グループ企業なのか、子会社なのか、オーナー会社なのかがひと目でわかる。

上位株主を見れば誰の会社かわかる

　『四季報』では、【株主】に中間期を含めた直近決算期末時点の大株主上位10名と、その持ち株数、持株比率を掲載しています。【株主】の右に記載しているのが株主数、＜　＞の中の数値は年月で、いつ時点の株主であるかを示しています。

　原則は年2回、第2四半期末と本決算期末で見直していますが、第三者割当増資などで大幅な変更があった場合は、判明している範囲で最新の株主を掲載しています。

　上位の株主を見れば、誰がその会社を所有、すなわち支配しているのかがわかります。どの企業グループに属しているのか、どの会社の子会社なのか、オーナー会社なのかなどを知ることができます。それを踏まえれば、その会社がどこを向いて経営しているかがわかりやすくなります。

カストディアンに注意

　最近では、「カストディアン」という証券管理業務に特化した信託銀

第2章 基本のキホン 会社のことを知るには？

大株主をチェック！

●MonotaRO（3064）

【株主】⑭8,577名〈14.12〉 万株
グレンジャー・インターナ
　ショナル　　　2,822（45.5）
ステートストリート　335（ 5.4）
グレンジャー・ジャパン
　　　　　　　　　304（ 4.9）
CBNYデポジタリSH　148（ 2.4）
JPモルガンチェースオッペンハ
　イマーJas.L　　128（ 2.0）
日本マスター信託口　128（ 2.0）
MSIPクライアントセキュ
　リティーズ　　　128（ 2.0）
チェース・エスクロウ 126（ 2.0）
ノーザン・トラスト　114（ 1.8）
BONY・GCMクライアントJP
　RDISGFEAC　　　113（ 1.8）

【株主】を見ると、米国グレンジャー社の子会社であることがわかる。

ステートストリートなどが代表的なカストディアン。大量保有報告書の提出義務が生じる5％超の持株比率になって突然、実質的な大株主が浮上することもある。

上位の株主を見ると、誰がその会社を支配しているのかがわかる！

行が、多くの会社で上位株主として名を連ねています。日本トラスティ・サービス信託銀行、日本マスタートラスト信託銀行、資産管理サービス信託銀行、外資系のステート・ストリート・バンク＆トラストなどです。

　カストディアンは証券の保管や配当の受け取りなどの業務を委託されているにすぎず、本当の株主は別にいます。多くの場合、真の株主は年金基金や投資信託などの機関投資家です。機関投資家は株価の値上がりや配当をしっかり出すことを強く求めます。こうした**カストディアンが大株主に登場している会社は、株価上昇や配当に対するプレッシャーが強いと考えてよいでしょう。**

　ただ、こうしたファンドの中には、株式の転売を狙って短期間に株を買い集めるものもあります。株価が急騰しているからといって闇雲について行くと、大やけどをすることがあるので注意しましょう。

09 社長の名前くらいは知っておこう

> ここをチェック！

会社の業績を左右する社長が誰かは重要な情報。社長交代があったら、社内昇格か、他社からの引き抜きかを確認しよう。

社長交代の有無をチェック！

　社長が誰か、ということはその会社にとって大変重要な情報です。『四季報』では、【役員】に社長以下の役員の名前を掲載しています。

　社長の名前を見ただけで、その経営手腕を判断することは難しいと思います。そこで『四季報』を次のような読み方をして株式投資に役立てるとよいでしょう。

　まず、社長交代があったかを見ましょう。社長交代のような重要人事は、通常、就任の1カ月ほど前までに発表されることが多いものです。『四季報』では、こうした発表をいち早く取り込みます。たとえば、【役員】の下に（6.27予）と書かれているのは、6月27日の株主総会で承認されればこのような役員体制になるという意味です。こうした会社を見つけたら、ぜひ前号の『四季報』と見比べて、新体制はどこがどう変わったかをチェックしましょう。

　社長が交代した場合は、前職が何だったのかを見ましょう。副社長や専務からの順当な昇格なのか、十数人抜きの抜擢なのか、などを見ることで、その会社が従来の路線を踏襲しようとしているのか、ある

社長の名前を確認しよう！

●キーエンス（6861）

【役員】の名前が【株主】と重複していれば、同族経営だとわかる。

キーエンスの創業社長の退任は、大きな話題を集めた。【役員】に収録しきれなかった役員は、巻末の「役員名追補」に収録している。

社長が交代したときは、材料記事で今後の経営戦略を確認しよう！

いは路線を大きく変えようとしているのかなど経営戦略が見えてくることがあります。

　突然の社長就任の場合は、他社からの引き抜きなどのケースも考えられます。こうした場合は、記事でも社長就任について触れています。最近では、次々と有名企業を渡り歩く「プロ経営者」も増えていますので、気になる会社についてはチェックしてみてください。

同族会社はこれでわかる

　社長が【株主】にも登場していれば創業社長かもしれません。複数の役員の名字が同じで、【役員】だけでなく、【株主】にも同じ名字が大株主として登場しているとしたら、いわゆる同族経営の会社だとみることができます。こうした会社は同族の固い絆で成長を実現しているともいえますが、コーポレートガバナンスがきちんと機能しているか、チェックすることが必要でしょう。

10 仕入先や販売先のチェックも忘れずに

ある会社の株価が上がると、仕入先や販売先の株価も上がることがある。連想の幅を広げてお宝銘柄を見つけよう！

仕入先、販売先でリスクを確認

　銀行など金融機関が、ある会社に融資を実行するかどうかの判断を下す際、仕入先や販売先としてどんな会社が名を連ねているかは非常に重要な判断材料となります。

　株式投資においても仕入先や販売先の会社の名前を知っておいて損はありません。『四季報』では、【仕入先】と【販売先】に主要な取引先を掲載しています。

　もし販売先に優良企業の名前が並んでいたら、販売代金の回収もあまり心配する必要はなさそうです。逆に、**もし販売先に先行きが不安視される会社があった場合は要注意です**。販売先の倒産によって販売代金を回収できず、連鎖倒産という事態が起きないとも限らないからです。

　仕入先も同様です。小売業の場合、もし商品仕入れを特定の会社に大きく依存していると、その会社が倒産した場合、商品を仕入れることができないリスクが生じます。メーカーの場合は仕入れた原料や製品を加工して自社製品として販売するため、やはり特定の会社に仕入

取引先や仕入先をチェック！

●ワコム (6727)
【本社】349-1148埼玉県加須市豊野台2-510-1　☎0480-78-1211
【東京支社】160-6131東京都新宿区西新宿8-17-1住友不動産新宿グランドタワー☎03-5337-6502
【営業所】名古屋,大阪,福岡
【従業員】〈14.12〉連1,045名　￥463名(41.5歳)㉂761万円
【証券】上東京　幹大和,東洋,マネックス,楽天　名三井住友信　監あらた
【銀行】みずほ,三菱U,埼玉りそな
【仕入先】―
【販売先】サムスン電子グループ

ワコムのサムスン電子グループ向け売上比率は4割前後を占める。ヒット商品が出れば受ける影響は大きい。

仕入先や販売先もチェックすると、株式投資に不可欠な連想の幅が広がる！

れを依存していると、製品を作って販売することができなくなるというリスクが発生します。

連想の幅がグンと広がる

　株式市場では「連想買い（連想売り）」がよく行われます。ある会社の株価が上昇（下落）したときに、関連する会社の株式も連鎖的に買われる（売られる）というものです。

　関連会社を知る手がかりとして、仕入先や販売先の会社名は重要です。たとえば、売上高が大きく増えそうだという理由で、あるメーカーの株価が大きく上昇した場合、そのメーカーが原料や材料を仕入れている会社も連鎖的に買われる可能性があります。

　仕入先の会社名をただ覚えるだけでなく、上場会社であれば、『四季報』で業績などを確認しておきましょう。さらにその会社の仕入先や販売先もチェックするようにすると、株式投資に不可欠な「連想」の幅をグンと広げることができます。

第3章

健全な会社はどう探す？

01 貸借対照表（BS）の ここをチェック！

健全な会社を見極めるために、会社の資産、有利子負債、自己資本比率を『四季報』の【財務】で確認しよう。

健全な会社とは何か

　健全な会社とは、財務基盤が安定して、そう簡単には倒産しないこと、そして売上高や利益を持続的に成長させていること、さらに株主に対して配当などで利益を還元している会社を指します。

　会社は「おカネを集めて」「投資して」「利益を上げる」という3つの構造で成り立っています。上場会社は決算発表に際して、貸借対照表（バランスシート、BS）、損益計算書（PL）、キャッシュフロー計算書（CF）の財務三表をまとめます。

　1つ目と2つ目の、どうやっておカネを集めて、何に投資しているかを表すのがBS。3つ目のどう利益を上げているかを表すのがPL。そして、この一連の流れの中で現金（キャッシュ）がどう動いたかを表すのがCFです。『四季報』では、財務三表の重要項目を掲載しています。つまり『四季報』を読みこなせば、健全な会社を見分けることも可能になるのです。

　BSには多くの項目がありますが、『四季報』の【財務】では、その中でも重要度の高い6項目を掲載しています。「総資産」「自己資本」

貸借対照表(BS)の概念図

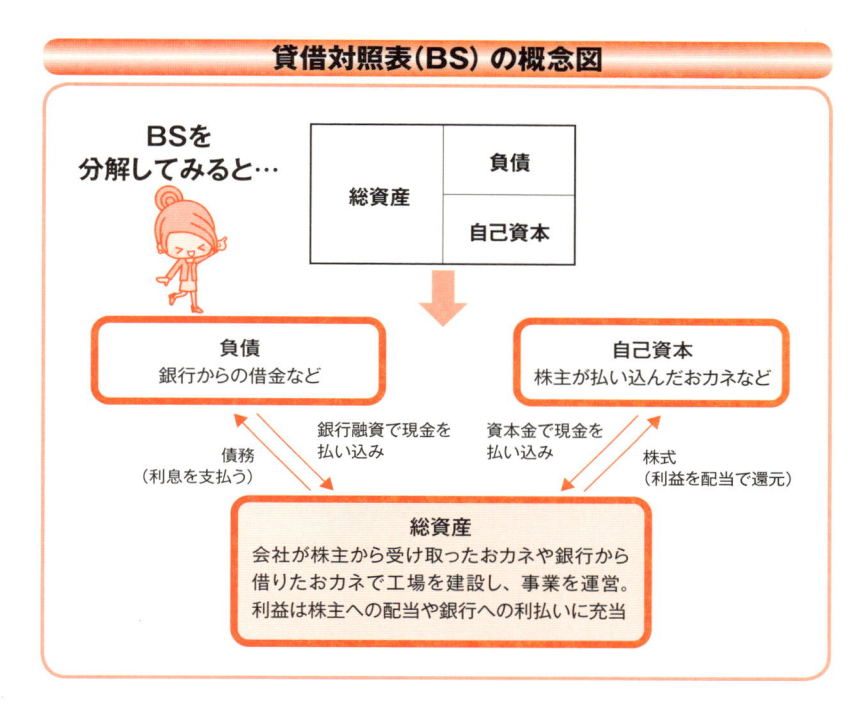

BSを分解してみると…

| 総資産 | 負債 |
| | 自己資本 |

負債 銀行からの借金など
- 債務（利息を支払う）
- 銀行融資で現金を払い込み

自己資本 株主が払い込んだおカネなど
- 資本金で現金を払い込み
- 株式（利益を配当で還元）

総資産 会社が株主から受け取ったおカネや銀行から借りたおカネで工場を建設し、事業を運営。利益は株主への配当や銀行への利払いに充当

「自己資本比率」「資本金」「利益剰余金」「有利子負債」です。

　総資産は会社が持っている全財産のことで、会社の規模を知ることができます。資本金は主として株主が会社に払い込んだおカネで事業の元になる資金、利益剰余金はその会社が過去にどれだけ利益を上げてきたかがひと目でわかります。有利子負債はどれだけ借金があるか、さらに自己資本比率を見ることで会社の安全性がわかります。

資産と負債の考え方

　BSは、会社は何を所有しているか（資産）、会社は何を借りているか（負債）、会社の価値はいくらか（自己資本）の3つの構成から成り立っています。

　会社が何を持ち、何に投資をしているかを知ることのできるのが資

産です。会社が売上高を増やすためには、元手となる資産が必要になります。それは業種によっては工場だったり、不動産だったり、お客さんが来てくれるための店舗かもしれません。原材料を購入するため必要になる現金や在庫などを含めて、総資産と呼びます。

　総資産は通常１年以内に現金にできるもの（現金や売掛金、在庫などの流動資産）と、現金化するのに１年以上かかるもの（機械や工場、土地などの固定資産）の２つに分かれます。

　資産の中で重要度が高い項目は現金です。『四季報』では【キャッシュフロー】に現金同等物を載せています。これは現預金と、３カ月以内に満期の来る定期預金、譲渡性預金などを加えているため、BS上の現金とは必ずしも一致しませんが、規模はつかめます。現金が十分あれば借金も返せますし、取引先への支払いに困ることはありません。

　工場を作ったり、原材料を買ったり、企業活動には資金が必要です。株主から集めたおカネで足りない分は銀行などから借りる必要があります。これが負債です。負債も１年以内に返済する借金や買掛金は流動負債、返済に１年以上かかる借入金は固定負債に分けます。

　負債といっても、決算短信などには、買掛金や社債などさまざまな種類が載っています。ここで**もっとも注意すべきものは有利子負債、いわゆる借金だと覚えておいてください。**『四季報』では、短期借入金、長期借入金、社債など利子の支払いが必要な借金を足し合わせて、有利子負債として掲載しています。

自己資本は株主のお金

　ここまで、資産（持っているもの）と負債（借りたもの）について説明してきました。では、自己資本はどのように理解すればいいのでしょうか。

　自己資本は株主に帰属している資産がどれだけあるかを示していま

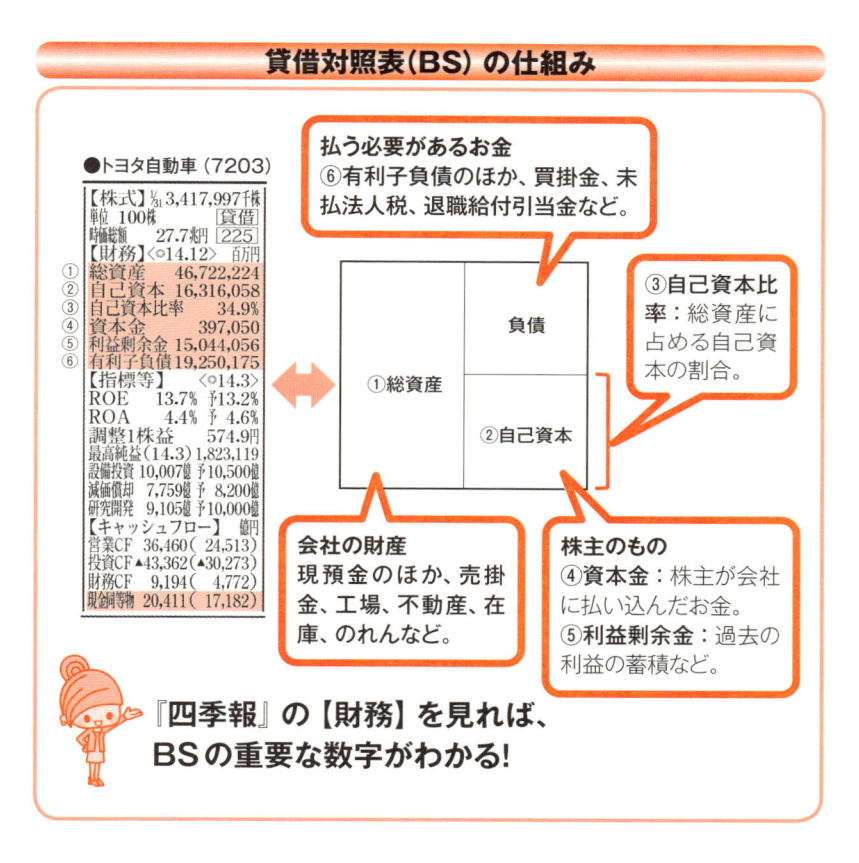

貸借対照表(BS)の仕組み

●トヨタ自動車(7203)
【株式】⅓₁ 3,417,997千株
単位 100株　　貸借
時価総額　27.7兆円　[225]
【財務】〈◇14.12〉百万円
① 総資産　　　46,722,224
② 自己資本　　16,316,058
③ 自己資本比率　　34.9%
④ 資本金　　　　397,050
⑤ 利益剰余金　15,044,056
⑥ 有利子負債　19,250,175
【指標等】　〈◇14.3〉
ROE　13.7% 予13.2%
ROA　4.4% 予 4.6%
調整1株益　　574.9円
最高純益(14.3)1,823,119
設備投資 10,007億 予10,500億
減価償却　7,759億 予 8,200億
研究開発　9,105億 予10,000億
【キャッシュフロー】　億円
営業CF 36,460(24,513)
投資CF▲43,362(▲30,273)
財務CF　9,194(　4,772)
現金同等物 20,411(17,182)

払う必要があるお金
⑥有利子負債のほか、買掛金、未払法人税、退職給付引当金など。

③自己資本比率：総資産に占める自己資本の割合。

[図：①総資産｜負債／②自己資本]

会社の財産
現預金のほか、売掛金、工場、不動産、在庫、のれんなど。

株主のもの
④資本金：株主が会社に払い込んだお金。
⑤利益剰余金：過去の利益の蓄積など。

『四季報』の【財務】を見れば、BSの重要な数字がわかる！

す。その中身は大きく分けて資本金と利益剰余金で構成されます。

　資本金は会社を設立するとき、株主が支払ったおカネです。一方、利益剰余金は過去に稼いだ利益が積み重なった額です。会社は毎年、稼ぎ出した利益から株主への配当などを手当てし、残りを利益剰余金として積み上げています。

　気をつけたいのは、資本金や利益剰余金は会計上の概念であって、実際に資本金や利益剰余金というおカネが銀行などに預けられているわけではない点です。負債から考えたほうがわかりやすいかもしれません。会社は負債と自己資本を合わせて、「おカネを集めて」、資産に

「投資する」ことで利益を上げようとします。資本金や利益剰余金は、銀行などから借りた負債と同様に、事業を運営するための資産に化けているのです。そのため資産＝負債＋自己資本という関係が常に成り立ちます。

2006年に施行された新会社法では、自己資本は株主資本とその他の包括利益累計額（評価・換算差額等）の合計、さらに株主資本は資本金、資本剰余金、利益剰余金から自己株式を引いた額として求められます。純資産は自己資本に新株予約権や、連結であれば少数株主持分を加えた額です。『四季報』に掲載されている資本金と利益剰余金を見れば、おおむねどういった構成で自己資本が成り立っているのかがわかります。

会社は株主に対して配当という形で利益を分配しますが、自己資本のうち資本金などは、株主が支払ったおカネであるため、負債と異なり、返済義務はなく金利負担も発生しません。自己資本を総資産で割って求める自己資本比率が高ければ、負債に対する依存度は低いといえます。会社は株主のおカネをある程度は、負債も活用してレバレッジをきかせることで成長する必要がありますが、自己資本比率の高さは財務の安全性を示します。同時に、会社が持っている財産の持ち主が誰なのかを表す比率とも考えられます。自己資本比率が8割あれば、8割は株主のものだということもできるのです。

有利子負債を自己資本で割った数値を、負債資本倍率（DEレシオ）といいますが、一般的には0.4倍以下は優良、2倍以上は危険とされています。

DNS vs コロワイド、どちらが健全な会社か

では、外食業界で具体的な例を見てみましょう。ドトール・日レスHD（3087）（以下、DNS）は、喫茶店の「ドトールコーヒーショップ」

DNS vs コロワイド

●ドトール・日レスHD（3087）

【株式】1/31	50,609千株
単100株 【貸借】【優待】	
時価総額	910億円

【財務】〈連14.11〉	百万円
総資産	115,376
自己資本	91,765
自己資本比率	79.5%
資本金	1,000
利益剰余金	66,851
有利子負債	570

【指標等】	〈連14.2〉
ROE	4.5% 予5.3%
ROA	3.5% 予4.2%
調整1株益	一円
最高純益(08.2)	5,453
設備投資	6,950 予9,120
減価償却	3,680 予3,740
研究開発	ー 予ー

【キャッシュフロー】	百万円
営業CF	10,869 (9,269)
投資CF	▲4,115 (▲823)
財務CF	▲2,878 (▲1,643)
現金同等物	31,950 (27,874)

●コロワイド（7616）

【株式】1/31	75,284千株
単100株 【貸借】【優待】	
時価総額	1,252億円

【財務】〈連14.12〉	百万円
総資産	195,099
自己資本	19,143
自己資本比率	9.8%
資本金	14,030
利益剰余金	▲566
有利子負債	96,615

【指標等】	〈連14.3〉
ROE	6.9% 予2.6%
ROA	1.0% 予0.3%
調整1株益	一円
最高純益(13.3)	1,608
設備投資	9,262 予9,994
減価償却	9,306 予9,431
研究開発	58 予 60

【キャッシュフロー】	億円
営業CF	130 (83)
投資CF	▲5 (▲144)
財務CF	▲53 (150)
現金同等物	218 (146)

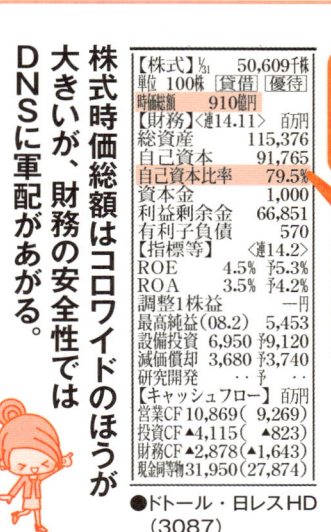

> 時価総額は大きいが自己資本比率が低い。

> 時価総額は小さいが自己資本比率が高い。

株式時価総額はコロワイドのほうが大きいが、財務の安全性ではDNSに軍配があがる。

や「洋麺屋五右衛門」などを展開しています。2007年にドトールと日本レストランシステムが合併して誕生した持株会社です。

　最近は居心地のよさを追求した「星乃珈琲店」がヒットして業績はやや持ち直していますが、株式時価総額は900億円前後です。

　一方、コロワイド（7616）は居酒屋「甘太郎」が主力業態でしたが、回転寿司やステーキ「宮」を展開するアトム（7412）、焼き肉「牛角」のレックスHD、「かっぱ寿司」のカッパ・クリエイトHD（7421）などを次々と買収しています。M&Aによる急速な成長が評価され、株式時価総額はDNSを上回り、1200億円を超えています。

　ただ、財務の安全性を見ると、様子が違います。『四季報』15年春号では、DNSの自己資本比率は79.5%あります。現金同等物の319億5000万円に対し、有利子負債は5億7000万円しかありません。それに対して、コロワイドの自己資本比率は9.8%と低い水準です。

現金同等物は218億円ありますが、有利子負債は966億1500万円あります。

このためコロワイドは、DNSより成長性は高いですが、財務基盤の安全性はDNSに軍配があがります。自己資本が小さく、負債が大きいと、仮に業績不振に陥れば、たとえば増資による資金調達や、事業売却の必要が出るなど、影響は大きくなりやすいといえます。

自己資本比率の目安は業界によって異なりますが、一般的に3割以上あれば、安全性が高いとされています。

会社が倒産するとき

倒産とは、どのようなことでしょうか。倒産は、銀行から取引停止を受けること、破産や再生手続き、更生手続きなどをとることをいいます。

企業共済協会の統計によれば、2001～13年の倒産要因のうち、販売不振や過去の事業不振によるものが7～8割を占めています。

そして、倒産の契機は決まって、資金繰りの行き詰まりです。会社が倒産すれば、従業員は仕事を失い、銀行は貸していたおカネが返ってこなくなり、取引先は納入した商品のお金が支払われなくなりかねません。

株主にとっても影響は小さくありません。株主は取締役に経営を委任し、監督する立場です。そのため、**会社が倒産すれば、出資責任を問われて、株式の価値はゼロになるリスクがあります。**

投資した財産を失わないためにも、持続的に成長をしつつ、なおかつ財務基盤が安定している健全な会社を探す必要があります。そのためには『四季報』の【財務】をしっかり読み込む必要があるのです。

02 自己資本比率の増減には要注意

自己資本比率が高いほど安定した会社といえます。株主のものである自己資本は何によって変化するのでしょうか。

自己資本を増やす2つの方法

　自己資本を増やす方法は、第1に**純利益を積み上げる**ことです。第2に**株主から新たにおカネを集める**ことですが、それには証券市場で新たな株主を募る公募増資や特定の会社、個人に株を発行する第三者割当増資などがあります。ただし増資をすると、株数が増えますので、会社の価値が変わらない場合、1株当たりの株価は下がる傾向にあります。株数の動きは『四季報』の【資本異動】で確認できます。

買収した会社の業績が悪いと自己資本が減る

　反対に、自己資本が減るケースはどのような場合でしょうか。**一番多いのは純利益で赤字を計上することです**。赤字を計上し続ければ、その金額に応じて自己資本は減少していきます。**もう1つが自己株買い**です。会社が証券市場で自社の株式を買い取れば、自己株は自己資本には含まないので、自己資本比率は下がることになります。
　最近は赤字の一因として減損が目立ちます。2012年にはパナソニック（6752）が買収した三洋電機の株式を減損して大きく自己資本

自己資本比率が低下した会社には注意が必要

純利益が赤字になると自己資本が減る！

```
【株式】1/31 1,701,214千株
単位 1000株         【貸借】
時価総額 4,150億円   225
【財務】〈連14.12〉 百万円
総資産      2,208,695
自己資本      238,092
自己資本比率    10.8％
資本金       121,885
利益剰余金    127,893
有利子負債    977,582
```

液晶パネル工場の大減損などリストラが響き、自己資本比率は14年末に10.8％まで低下した。

【業績】(百万円)	売上高	営業利益	経常利益	純利益	1株益(円)	1株配(円)	【配当】	配当金(円)
連12. 3	2,455,850	▲37,552	▲65,437	▲376,076	▲341.8	10	11. 3	7
連13. 3	2,478,586	▲146,266	▲206,488	▲545,347	▲489.8	0	11. 9	5
連14. 3	2,927,186	108,560	53,277	11,559	8.1	0	12. 3	5
連15. 3予	2,900,000	50,000	0	▲30,000	▲17.7	0	13. 3	0
連16. 3予	2,950,000	70,000	35,000	15,000	8.9	0	14. 3	0
中14. 9	1,327,670	29,221	10,786	4,742	2.8	0	15. 3予	0
中15. 9	1,350,000	30,000	15,000	6,000	3.5	0	16. 3予	0
四13. 4-12	2,157,287	81,472	37,572	17,720	13.2		予想配当利回り	―％
四14. 4-12	2,090,436	51,256	18,145	▲7,160	▲4.2		1株純資産(円)〈連14.12〉	
会15. 3予	2,900,000	50,000	0	▲30,000	(15.2.3発表)		140.8 (115.4)	

●シャープ (6753)

を毀損させました。またシャープ（6753）も、12年、13年と液晶パネル工場を大減損、14年末の自己資本比率は10.8％まで減少しました。

　BSには買収した会社の株式や工場、在庫などさまざまな資産が載っています。そうした資産は将来、おカネを生む前提で評価されています。しかし、買収した会社の業績が振るわない、製品が売れないなど、思ったほど利益が出ない際は、投資を回収できる水準まで簿価を減らす必要があります。これを減損処理といいます。

BSの適切な価値を表す時価評価主義

　似た言葉に時価評価があります。これはBSの資産を今の価格に修正する考え方です。

日本の会計基準は「取得原価主義」を重視していました。これは財産を取得した時点の価格で資産計上するという考え方です。

　2000年頃に話題になったのは旧・阪神電鉄（現・阪急阪神HD（9042））が保有する甲子園球場です。取得原価主義を適用していたため、7万㎡もある球場の簿価は土地が8億円、建物が24億円でした。そこに目をつけた投資ファンドが株を買い増した事件です。

　阪神阪急HDは後に取得原価から時価評価へ変えました。そのため、14年には簿価は土地が23億円、建物が136億円まで増えています。

　なぜ取得原価主義から時価評価主義に変わったのか。この背景には会計に対する考え方が変化したことがあります。

　原価主義は売却した時点で利益を計上するPL重視の考え方ですが、**時価主義は持っている財産を適切に表示することを重視します**。BSの適切な価値を表すために時価評価主義が適用された経緯があるのです。

03 利益剰余金と債務超過

ここをチェック！

債務超過になると株主のものである純資産が失われてしまいます。1株純資産を見て財務の安全性を確認しよう。

内部留保は利益剰余金のこと

　ボーナスや株主総会の時期になると「会社は内部留保を、社員や株主に分配せよ」などと勇ましい言葉を聞くことがあります。内部留保は狭義には、当期純利益から配当金など社外流出分を除いた残りで、貸借対照表では利益剰余金に計上されます。広義にはそこに減価償却費や引当金を加える、資本準備金を加える、その他の包括利益を加えるなど、さまざまな考え方があります。ここでは、内部留保＝利益剰余金として話を進めます。

　株主が受け取る配当は、利益剰余金から捻出されます。純利益が赤字でも「安定配当の継続」を理由に、配当を継続する会社があるのは、利益剰余金を取り崩しても、経営に影響が出ないと判断しているからです。ですが赤字が続いて利益剰余金が減っている上に、配当を実施すると、さらに自己資本が毀損されます。連続赤字の会社が減配したり、無配に転落するのはこれを避けるためです。

　配当の上限は、純資産から、資本金、資本準備金、利益準備金の合計額などを差し引いた額と決められており、この限度額を超える配当

債務超過の会社はここを見る

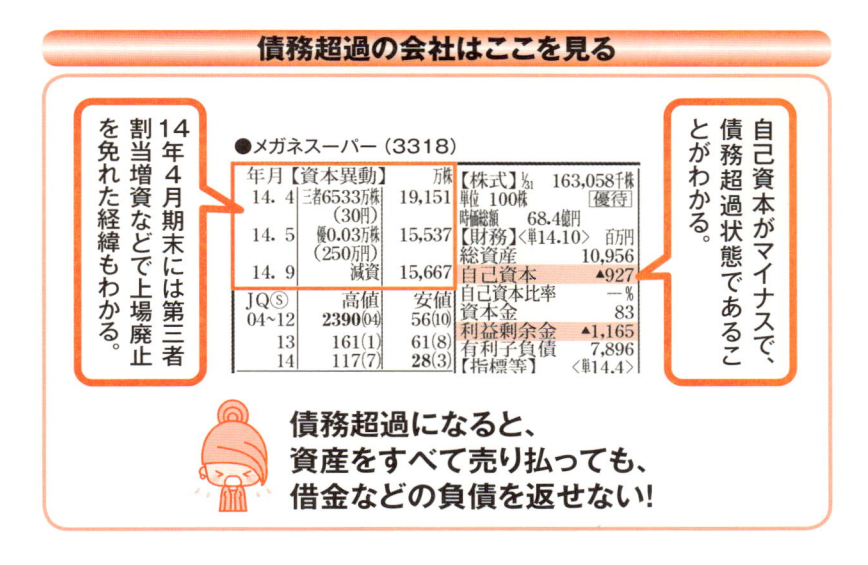

●メガネスーパー（3318）

14年4月期末には第三者割当増資などで上場廃止を免れた経緯もわかる。

自己資本がマイナスで、債務超過状態であることがわかる。

債務超過になると、資産をすべて売り払っても、借金などの負債を返せない！

は、いわゆるタコ配当と呼ばれる違法行為に当たり、返還請求の対象になります。

危険な債務超過

　赤字が続いて**利益剰余金がマイナスになり、さらに純資産そのものがマイナスになると債務超過**と呼ばれる状態になります。『四季報』の【財務】で自己資本に▲、【業績】の１株純資産に▲がつくという状態です。これは、会社が持っている資産より負債のほうが大きくなってしまった状態を意味します。いわば、手持ちの財産をすべて売り払うことができても、借金などの負債を返せない状況です。株主に帰属する純資産が失われ、銀行や取引先への負債だけが残っているといえ、事業の継続は難しい局面にあるといえます。

　債務超過になっても資金繰りが維持できている間は、事業は継続できます。ただ、その状態が１年続くと、上場廃止に追い込まれます。

04 注意すべき営業CFの赤字と資金繰り

PLで赤字を計上し、営業CFも赤字という会社は資金の流出が続き、大変危険な状態にあるといえます。

PLとCFの違いは

　損益計算書（PL）が1年間の売上高や利益を表しているのに対し、キャッシュフロー計算書（CF）は1年間のおカネの流れを表したものです。

　商品やサービスが売れたからといって、おカネがすぐ入ってくるわけではありません。メーカーの場合、売掛金の回収に数カ月かかることもザラにあります。

　そこで、期間中の損益を表すPLとおカネの出入りを表すCFの2つがあれば、より立体的に会社の収支構造を知ることができます。

　会社は赤字になっても倒産しません。ただし、おカネがなくなると倒産します。そこで、**資金繰りを知るのに最適なのがCFなのです。**『四季報』では【キャッシュフロー】という項目で2期分の数字を載せています。左側の数字が前期実績、カッコ内の数字が前々期実績です。▲がついている数字は赤字を示しています。

　CFは3つのパートに分かれています。本業から得られるおカネを示す営業CF。工場や土地、有価証券などの売買で得られるおカネを

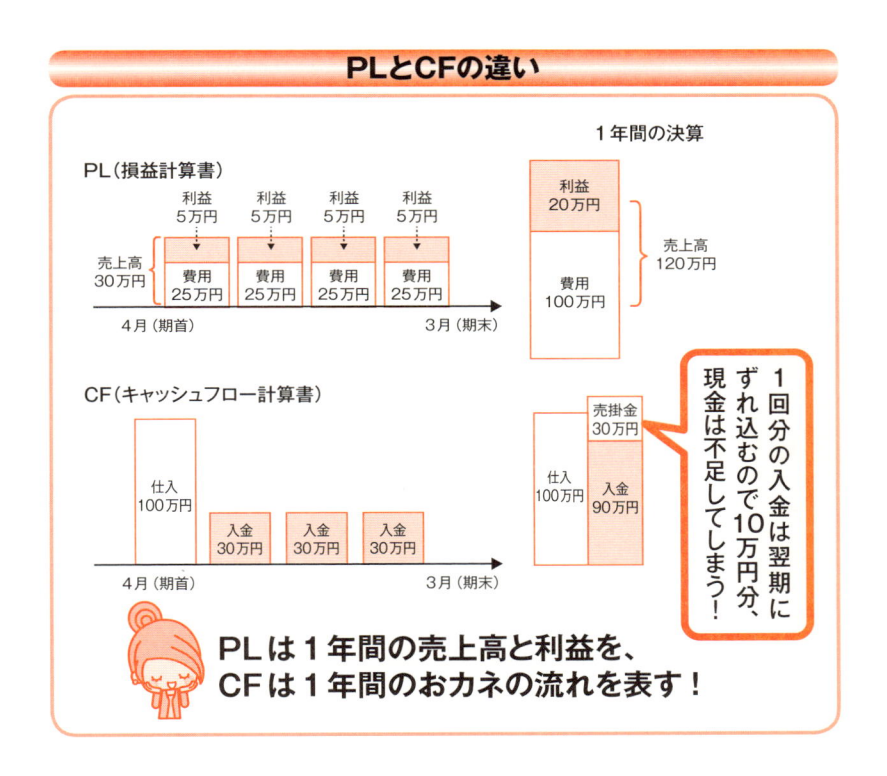

PLとCFの違い

1年間の決算

PL（損益計算書）
- 売上高30万円
- 費用25万円 / 利益5万円（4月期首〜3月期末、4回分）
- 合計：売上高120万円、費用100万円、利益20万円

CF（キャッシュフロー計算書）
- 仕入100万円（4月期首）
- 入金30万円 × 3回
- 期末：仕入100万円、入金90万円、売掛金30万円

> 1回分の入金は翌期にずれ込むので10万円分、現金は不足してしまう！

PLは1年間の売上高と利益を、CFは1年間のおカネの流れを表す！

示す投資CF。銀行からの借り入れや返済、増資による資金調達、配当など財務政策で得られるおカネを示す財務CF。そしてその結果として期末の現金同等物の残高も記載されます。

　もっとも重要なのは営業CFです。営業CFは本業で得られたおカネの流れを表します。この中には、棚卸資産の増減、取引先への買掛金の支払いや売掛金の回収なども含まれています。1年ぐらいの赤字の場合は、売上高が急に増えて、棚卸資産が増えたり、取引先への支払いがかさんでいるというケースもあります。

営業CFが黒字でも会社は潰れる

　しかし、この赤字が数年にわたって続くということは本業で儲ける

ことができず、おカネが流出していることを表しています。

　ですので、**売上高が伸びず、PLが赤字で、営業CFも赤字という会社は資金の流出が続き、大変危険な状態にある**といえます。

　ただ実際に、上場会社で倒産した会社を見ると、営業CFは黒字を維持していたケースが多くあります。2010年に会社更生法を申請した日本航空は、過去5年間、営業CFは黒字でした。同じく更生法を申請した半導体大手のエルピーダメモリも、営業CFが赤字だったのはリーマンショックのあった08年度の1度だけです。

エルピーダはなぜ潰れたか？

　エルピーダメモリが会社更生法を申請したのは2012年2月27日です。負債総額は4480億円と製造業としては過去最大でした。

　11年12月に発売された『四季報』12年新春号を見ると、自己資本比率（株主持分比率）は32.1％と決して悪くはない水準です。ただ、現金同等物1128億円に対して、有利子負債は3210億円ありました。

　12年3月期の営業利益は800億円の赤字予想、売上高を製造原価が上回り、製品を作れば作るほど赤字という状態でした。

　さらに倒産直前に発表された、12年4〜12月期（9ヵ月）のCF表を見ると営業CFは246億円と黒字を維持しています。ただ投資CFは▲607億円、株式の発行で財務CFは241億円のプラスを維持していました。

　つまりエルピーダの問題は資金繰りにありました。同社は09年に日本政策投資銀行へ12年4月に買い戻しの取得請求権が生じる優先株300億円を発行しました。そして12年、政投銀は3月までに「提携先を見つけて資本金（純資産）を2000億円増やしてほしい」と言い渡したとされます。

　苦しかったのは政投銀への優先株300億円のみならず、借入金の

第3章 健全な会社はどう探す？

営業CFが黒字でも会社は潰れる

```
【株式】10/31 271,787千株
単位 100株
時価総額 964億円
【財務】〈連11.9〉 百万円
総資産 808,203
株主持分 259,192
株主持分比率 32.1%
資本金 236,143
利益剰余金 ▲52,928
有利子負債 321,066
【指標等】〈連11.3〉
ROE 0.7% 予▲34.7%
ROA 0.2% 予▲11.1%
調整1株益 5.3円
最高純益(07.3) 52,943
設備投資 1,175億 予 800
減価償却 1,257億 予1,350
研究開発 397億 予 430
【キャッシュフロー】 億円
営業CF 1,729( 655)
投資CF ▲1,105(▲957)
財務CF ▲604( 288)
現金同等物 1,128(1,121)
```

会社更生法申請直前まで営業CFは黒字だったが、現金同等物に対する有利子負債が巨額で、返済期限が迫っていることを「材料欄」で警告していた。

●エルピーダメモリ（6665）12年新春号

【原価割れ】DRAM価格が歴史的安値圏へ急落。完全な原価割れで円高も逆風。値高いモバイル品も反動減。3月期はコスト対策急ぐが採算とれない。【対策】4月にかけ25%減産。広島生産一段と最大4割を台湾生産へ。コスト減進捗。13年微細化等コスト対策焼け石に水。値下げ阻止に顧客へ出資要請。追加措置方針も。借り換え済到来に加え、計1200億円の返済

CFだけでなく、有利子負債は適正な水準か、本業で利益を稼ぎ出せているかなどをチェックしよう！

返済も控えていたことでした。『四季報』でも「4月にかけ計1200億円の返済到来」と警告を発していました。主力銀行を持たないエルピーダにとって、政投銀が支援の打ち切りを決めれば、ほかの金融機関も手を引く可能性があったのです。

　そうしたこともあり、エルピーダは資金繰りに飛び回りました。政投銀がようやく米マイクロン社と提携の詳細を詰めた時点で、米マイクロン社の前CEOが事故死するという悲劇にも見舞われます。そして万策が尽きた2月、会社更生法を申請しました。

　CFの動向だけでなく、有利子負債は適正な水準か、本業でしっかり利益を稼ぎ出せているかなど、さまざまな指標のバランスの中で会社を見ることの大切さを教えてくれます。

05 倒産や上場廃止のリスクはここに表れる

ここをチェック！

継続前提に疑義注記がつくと倒産リスクが高まります。材料欄で必ず言及しているのでチェックしよう。

上場とは何か

　上場とは、証券取引所に株式を公開して、おカネを集めることを意味しています。上場をすれば、銀行以外に金融市場から直接おカネを調達する方法が開けるほか、知名度の向上を狙えます。また株価がつくことで会社の値段である株式時価総額が算出されます。『四季報』は、全上場会社のデータを掲載していますが、株式時価総額は首位のトヨタ自動車（7203）の30兆円近くから数億円程度までさまざまです。

　一方、上場した会社には投資家の利益を守るため、四半期決算や適時開示など情報公開について厳しいルールが設けられています。

　さらに、**各証券取引所には上場廃止基準が設定されています**。株主の数が少なかったり、売買高が小さかったり、流通している株式数が少ないと、リスクが高く上場継続不適と判断されて上場廃止になります。また決算期末に債務超過となり、1年間その状態が続いても上場廃止へ追い込まれます。そのような会社は、公募増資や第三者割当増資など、新たに株主からおカネを払い込んでもらうなどの施策を講じて、債務超過を解消する必要があります。

その会社の明日はあるか、継続前提への疑義

　会社が公表している財務諸表はすべて、**今後も会社が永続的に事業を続ける前提で作られています**。これを専門用語で継続前提（ゴーイングコンサーン）といいます。簡単にいえば、「会社は来年も再来年も続く予定」ということです。

　その理由を説明します。BSに載っている工場やソフトウエアなどの資産は、すべて利益を生む前提で価値が評価されています。もし、倒産してしまったら、持っている資産を売却して、おカネを借りている相手に返済しなければなりません。

　しかし、工場やソフトウエアは他社でも使用可能なものでしょうか。それまで自動車を作っていた工場を、たとえば物流センターに転換できるでしょうか。実際は、大きな設備の入れ替えが必要となり、そのため、既存の資産は二束三文で売り払われることが多々あります。

　そのため、あくまで会社は継続すると仮定し、手持ちの資産も利益を生み続けるとの前提で財務諸表は作られているのです。

自己資本比率が高くても安心できない

　ところが、すべての会社が本当に継続できる訳ではありません。経営者と監査人（監査法人、公認会計士）は、債務超過、債務返済の困難性、主要取引先の喪失、巨額の損害賠償負担の可能性やブランドイメージの悪化などが生じた場合は、継続企業の前提に関して検討することが義務づけられています。そして**「この会社は来年も続くかどうかわからない」と判断するケースでは**、財務諸表などに「継続前提に重要事象」「継続前提に疑義注記」といった記載をすることで、危険信号を発します。『四季報』では個別会社で、そうした注記がある場合、「材料欄」で必ず言及します。また、巻末にはこうした記載がついた会

継続前提の注記の有無をチェック

●サハダイヤモンド（9898）

【株式】½	333,172千株
単位 100株	優待
時価総額	66.6億円
【財務】〈連14.12〉	百万円
総資産	3,638
自己資本	1,560
自己資本比率	**42.9%**
資本金	100
利益剰余金	▲471
有利子負債	319

〈連14.3〉
　　　　　▲33.5% ▲7.7%
　　　　　▲18.6% ▲3.3%
1株益　　　　　一円
益(03.3) 1,803
投資　57 予
償却　54 予 69
研究開発

【キャッシュフロー】百万円
営業CF ▲341（▲461）
投資CF ▲14（▲43）
財務CF ▲15（119）
現金同等物 335（683）

> 自己資本比率は42.9％と比較的高い水準だが…。

> 1999年から16期連続の営業赤字に陥り、決算短信には「継続企業の前提に関する注記」が記載。

（苦戦）研磨事業の春節の小売りが黒字化計画に低迷、国内の小売りだが（現11月期初）中国小売りは上海地域外へサハは出店以外のデパネット通販注力を強化、中国の商品計画の達成を図る。国内も拡大の外、注記…継続企業の前提に疑義注記。

「材料欄」に継続前提の疑義注記がある会社は注意しよう！

社を一覧にしています。

　これらの注記があるときは、自己資本比率が高いからといって安心できません。たとえば、ロシア産ダイヤモンドの販売を手掛けるサハダイヤモンド（9898）は2014年12月末の自己資本比率が42.9％と比較的高い財務水準です。ところが同社は、研磨事業の不振や中国での販売事業が思ったようにいかないことで、1999年から16期連続の営業赤字に陥り、決算短信には「継続企業の前提に関する注記」が記載されています。**こうした会社は自己資本比率だけでなく、資金繰りや継続前提に注意することが必須です。**

　ただし、注記がついたからといって必ず上場廃止になるとは限りません。収益が好転したり、懸念が解決したとき、疑義注記は消えま

す。たとえば、三菱自動車（7211）は2004年度に4747億円という巨額の純損失を計上したため、04年度から07年度まで4年連続で疑義注記がつきました。その後、三菱グループの支援や販売の回復もあり収益は好転し、13年度、14年度と連続で過去最高の純利益を更新するなど復活を果たしています。

上場廃止するのはなぜ

　株式を公開する会社もあれば、公開をやめて証券取引市場を去る会社もあります。これを上場廃止といいます。東証によれば、03年から13年までの10年間で、もっとも多い上場廃止理由は「完全子会社化」と「株式全部取得」「合併」といった企業再編にかかわるものです。上場廃止685社中の8割を占めています。

　かつては日立製作所（6501）やパナソニック（6752）、自動車メーカーは子会社を上場させ市場から資金を集めていました。しかし今は様相が変わっています。1つは上場子会社の場合、親会社と一般株主への利益相反が起きないかという懸念があります。また上場子会社が配当を払うと内部留保の流出につながります。

　ほかの会社の買収、親会社による完全子会社化では、株式交換や株式公開買付（TOB）が一般的です。親会社による買収では、子会社の株主に親会社の株式を割り当て株式を取得するケースがほとんどです。また資本関係のない会社をTOBで買収するときは株価に何パーセントかのプレミアをつけ、現金で買収するケースもあります。

　上場廃止が決まると整理銘柄に指定されます。これは、上場廃止になって株主が売買機会を失うまでの暫定措置として設けられている制度です。整理銘柄に指定されると、通常は1カ月程度売買が続けられますが、その後は上場廃止となります。『四季報』では巻末に上場廃止になる年月を、一覧表でまとめていますので参考にしてください。

06 格付けも チェックしておこう！

ここをチェック！

格付けは会社の信用力を見る物差し。格上げされている会社を探すと、意外な優良企業を発掘できる。

金融危機時には格付けが株価を動かすことも

　会社の安全性を見る代表的な物差しの1つとして格付けがあります。格付けとは、会社のおカネを生み出す力に着目し、社債や借入金など、債務の元本や利息をきちんと支払うことができるかどうか、**会社の信用力をひと目でわかるように表したものです。**

　格付け記号は格付け会社によって若干異なりますが、おおむね、AAAを最上位として、以下、AA、A、BBB、BB、B、CCC、CC、C、Dの順になっています。そしてBBBまでが投資適格、BB以下が信用力に懸念があると判断されるジャンク債の格付けです。

　株価が会社の利益の伸びなど成長性に着目するのに対して、格付けは会社の信用力を見るものです。したがって、**格付けと株価の評価は一致するものではなく、格付けの高い会社が必ずしも株価が高いわけではありません。**たとえば、ソフトバンク（9984）は株式市場でもっとも人気のある銘柄の1つですが、格付けはS&P、ムーディーズともジャンク債の格付けとなっています。

　ただ、信用リスクが高まると、状況がまったく変わってきます。実

第3章　健全な会社はどう探す？

格付けで会社の安全性をチェック

●新日鐵住金（5401）

【採用】初20.3万円
予未定　内定848（女‥）　中途‥
【格付】ⓈⓅBBB(安)　ⓂA3(安)
　　　　ⒿAA-(安)　ⓇⒾA+(安)
【業種】鉄鋼
　　　　時価総額順位　1/54社
【比較会社】5406 神戸製鋼所,
5411 JFEHD, 5413 日新製鋼

> AA～Cはプラス（＋）やマイナス（－）、1、2、3の符号がつき、信用リスクの度合いがよりきめ細かくわかる。

> S&P、ムーディーズ、日本格付研究所、格付投資情報センターの格付けを掲載。

> ポジティブ、ネガティブ、安定的など方向性も記載。

●格付け記号と定義

AAA	信用力がもっとも高く、債務履行の確実性がもっとも高い。
AA	信用力が極めて高く、債務履行の確実性は非常に高い。
A	信用力が高く、債務履行の確実性が高い。
BBB	信用力は十分で、債務履行の確実性は認められるが、今後環境が変化したときには注意すべき要素がある。
BB	信用力に当面問題はないが、将来環境が変化した場合、注意すべき要素がある。
B	信用力に問題があり、債務履行の確実性に乏しい。
CCC	信用力に問題があり、債務不履行となる可能性がある。
CC	債務不履行となる可能性が高い。
C	債務不履行となる可能性が極めて高い。
D	実質的に債務不履行となっていると判断される。

リーマンショックなど信用リスクが高まったときには格付けが注目される！

際、金融不安時には格付けが株価を動かすといわれ、格下げ会社の株価は大きく下げています。また、**おカネを生み出す力を重視する点では、格付けも株価も同様です**。『四季報』の【格付】を時系列で見て、格上げされている会社を探すと、意外な優良企業を発掘することができるかもしれません。

07 金融機関の安全性は ここを見る

ここをチェック!

金融庁の監督下にある銀行、生損保、証券会社の健全性は、独自の経営指標をチェックしよう。

金融機関は独自の指標で健全性を判断

　上場会社の中でも、銀行、生命保険、損害保険、証券会社は、それぞれ「銀行法」「金融商品取引法」「保険業法」などの法律の下、**監督官庁である金融庁から、独自の経営指標によって財務内容の健全性を維持することが求められています。**

　これは金融機関が決済システムの担い手であること、預金や保険契約、株式などを通し不特定多数の個人から資金を集めていること、また金融機関の総資産が一般事業法人に比べて著しく巨大であることが背景にあります。万が一、経営破綻などの状況に陥った際に社会的影響が大きく、一般事業法人より厳密に財務内容を監視する必要があるのです。

　『四季報』では、こうした金融機関独自の指標についても【財務】に記載し、健全性や投資に関する判断の一助としています。

銀行は自己資本比率をチェック

　「自己資本比率」は、銀行にとってもっとも重要な指標です。総資産のうち、万が一の場合には貸し倒れの懸念がある資産に対し、自己

銀行は自己資本比率をチェック

自己資本比率の基準を割り込むと金融庁による早期是正措置が発動！

```
【株式】1/31 14,168,853千株
単100株 貸借 優待
時価総額 10.6兆円 225
【財務】〈連14.12〉 百万円
総資産 279,178,212
自己資本 14,271,344
自己資本比率 5.1%
資本金 2,141,485
利益剰余金 7,752,490
自己資本比率(BIS) 15.27%
資金量 201,116,502
不良債権 1,173,000
総資金利ザヤ —％
【指標等】 〈連14.3〉
ROE 8.1% ｿ7.4%
ROA 0.4% ｿ0.4%
調整1株益 68.0円
最高純益(14.3) 984,845
【キャッシュフロー】 億円
営業CF ▲40,890(▲2,486)
投資CF 60,014(18,854)
財務CF ▲10,070(▲10,302)
現現物 64,879(52,810)
```

「自己資本比率」は銀行にとって、もっとも重要な指標。（BIS）は国際統一基準、（国内）は国内基準。

●三菱UFJ FG (8306)

資本がどれくらいあるかを示しています。海外営業拠点を有する銀行は国際統一基準（バーゼル合意に基づく基準、BIS基準）が、それ以外の銀行は国内基準の採用が求められています。『四季報』では、国際統一基準行には「(BIS)」、国内基準行は「(国内)」と記載しています。

国際統一基準行は8％以上、国内基準行は4％以上の自己資本比率が求められ、これを割り込むと金融庁による早期是正措置が発動されます。国際統一基準行は4～8％（国内基準行は2～4％）未満で経営改善計画の提出・実施命令、2～4％（同1～2％）未満で配当の禁止・抑制、総資産の圧縮・増加の抑制、0～2％（同0～1％）未満で大幅な業務縮小、合併または銀行業の廃止が進められます。

実質的な債務超過といえる0％未満の場合は、業務の全部または一部停止命令が下り、事実上の破綻状態に陥ったと見なされます。

1990年代後半の金融危機では、自己資本比率が0％を割り、経営破

綻に陥る例もありましたが、現在は健全化が進んでいます。2014年9月末時点で国際統一基準行16行は平均12.62％、国内基準行100行は11.26％（全銀協、速報値の単純平均、国際統一基準行はバーゼルⅢ）です。

　今後の注目はバーゼルⅢの全面適用です。普通株での調達による自己資本と内部留保を主体とする狭義の中核的自己資本（コアTierⅠ）比率で7％以上を求められ、下回ると海外業務が制限されます。12年に導入されましたが、詳細が未定の部分も多く、段階的な導入の後、19年から全面適用されます。バーゼルⅢは国際統一基準行を規制するものですが、国内基準にも影響を及ぼすと考えられています。

不良債権は絶対額だけで判断しない

　銀行で、次に見逃せない指標が「不良債権」です。貸出金が回収不能に陥った場合、無担保部分は過去の引当金を含めれば全額損失になります。また、金利を減免すれば、受取利息が減る一方で、預金などの調達コストは変わらないため、業績は悪化を余儀なくされます。不良債権には銀行法に基づくリスク管理債権と、貸出金に加え貸し付け有価証券など、その他債権を含む、金融再生法による開示債権があります。『四季報』に掲載しているのは開示債権で、正常債権、要管理債権、危険債権、破綻更正債権およびこれらに準ずる債権のうち、正常債権を除いた金額の合計です。

　不良債権は、絶対額だけでなく、総資産や貸出金量に占める比率も重要です。不良債権が多くても、引当金や担保部分でカバーされていれば、大きな問題は発生しないからです。

　かつては貸出金量に占める不良債権の比率が2ケタに及ぶ銀行も少なくありませんでしたが、14年9月末でリスク管理債権ベースの不良債権は1.89％に過ぎません。アベノミクス効果で、利払いを再開し正常債権に復帰するケースが多くなったためだと考えられます。

第3章 健全な会社はどう探す？

銀行の不良債権はここをチェック

「資金量」は預金と譲渡性預金の合計。

「総資金利ザヤ」は運用利回りからコストを引いたもので銀行の収益力を示す代表的指標。

国の税金である公的資金が注入されている銀行は、その旨を記述。

不良債権は絶対額だけでなく総資産や貸出金量に占める比率に注目しよう！

　銀行では、もう1点、確認したい点があります。国から資本支援（公的資金注入）を受けている場合です。優先株などで資本を受け入れれば自己資本は厚くなるものの、転換期限を迎え普通株に転換されてしまうと、その後の企業行動が制約を受ける場合があります。『四季報』では、公的資金注入行については【特色】にその旨を記載しています。

SM比率の分水嶺は200％

　一方、生命保険会社、損害保険会社にとって、最重要視される指標がソルベンシー・マージン（SM）比率です。『四季報』では【財務】に「支払余力比率」として記載しています。

　通常、保険会社は将来の保険金支払いに備え、責任準備金を積み立てています。通常のリスクはこれで対応できますが、大災害など、予想を超えるリスクにも対応できる保険金支払い能力を表します。算出式はソルベンシー・マージン総額÷（リスク合計額×1/2）です。

生損保は支払余力比率をチェック

生保は「支払余力比率」がもっとも重要な指標。この他、年間実績の「新規契約高」や直近決算期末の「保有契約高」「逆ザヤ額」を記載。

```
【株式】1/1,197,938千株
単位 100株        【貸借】
時価総額 21,095億円 [225]
【財務】〈連14.12〉百万円
総資産       41,593,038
自己資本      3,364,725
自己資本比率       8.1%
資本金         343,104
利益剰余金     342,212
新規契約高〈本〉8,020,477
保有契約高 185,853,083
逆ザヤ額〈本〉        0
支払余力比率     907.7%
【指標】〈連14.3〉
ROE      4.3% ↑2.4%
ROA      0.2% ↓0.2%
調整1株益       78.5円
最高純益(14.3) 77,931
【キャッシュフロー】 億円
営業CF 10,939 ( 4,877)
投資CF ▲7,832 (▲1,921)
財務CF  ▲991 (  ▲171)
現金同等 10,613 ( 8,487)
```
●第一生命保険（8750）

```
【株式】1/ 769,524千株
単位 100株        【貸借】
時価総額 32,743億円 [225]
【財務】〈連14.12〉百万円
総資産       20,467,769
自己資本      3,283,773
自己資本比率       16.0%
資本金         150,000
利益剰余金    1,371,099
〈事〉運用資産 8,219,100
資産運用利回〈本〉3.61%
事業費率30.0% 損害率62.0%
支払余力比率     742.5%
【指標】〈連14.3〉
ROE      7.3% ↑8.2%
ROA      1.0% ↑1.3%
調整1株益      239.8円
最高純益(14.3) 184,114
【キャッシュフロー】 億円
営業CF 4,247 ( 1,387)
投資CF ▲1,682 (▲7,610)
財務CF ▲3,464 ( 4,854)
現金同等 9,244 ( 9,793)
```
●東京海上HD（8766）

損保も「支払余力比率」がもっとも重要な指標。この他、有価証券や貸付金、土地などの「運用資産」や「資産運用利回」、保険料に占めるコストの比率を示す「事業費率」、保険金の支払い比率を示す「損害率」を記載。

支払余力比率（SM比率）が200％を下回ると早期是正措置が発動される！

　SM比率の分水嶺は200％で、下回ると早期是正措置が発動されます。100〜200％未満は改善計画の提出、0〜100％未満は、配当の禁止・抑制など支払い能力の充実に関する命令が出されます。0％未満は、業務の全部または一部停止の命令が出されます。現状は、生損保とも上場会社はSM比率に抵触しそうな会社は見当たりません。

　また、生保は逆ザヤ額を記載しています。これは生保が契約者に約束している利息額（予定利率）を実際の運用収益が下回った場合の、差額です。生保による株式などの運用は巨額で、有力な機関投資家のプレーヤーであるため、以前は深刻な問題になっていましたが、今は株価上昇を受け、上場生保で逆ザヤの会社はなくなっています。

格差がある自己資本規制比率

　証券会社では、【財務】に「自己資本規制比率」を掲載しています。

証券は自己資本規制比率をチェック

自己資本規制比率が140％を割り込むと内閣総理大臣への届け出が必要！

```
【株式】1/31 3,822,562千株
単位 100株 [貸借] [優待]
時価総額 27,472億円 [225]
【財務】〈◎14.12〉     百万円
総資産              44,103,284
自己資本             2,714,447
自己資本比率              6.2％
資本金                594,493
利益剰余金           1,403,294
有利子負債           9,755,949
預かり資産         104,800,000
野村證券
自己資本規制比率       277.8％
【指標等】〈◎14.3〉
ROE              8.9％ 予6.8％
ROA              0.5％ 予0.4％
調整1株益             55.8円
最高純益(06.3)       304,328
【キャッシュフロー】       億円
営業CF    4,574( 5,495)
投資CF  ▲1,031(▲1,604)
財務CF    2,893(▲7,016)
現金同等物 14,897( 8,050)
```

●野村HD（8604）

「預かり資産」は顧客から保護預かりを受けた株券、債券、投信などの合計で顧客基盤の厚みを示す。

「自己資本規制比率」がもっとも重要な指標。

　これは、自己資本の額から固定資産等の額を減算した、いわゆる固定化されていない自己資本を、保有有価証券の変動リスクや取引先と契約不履行になるリスク、日常業務上のリスクを合算したリスク相当額で割った指標で、**この比率が140％を割り込むと内閣総理大臣への届け出が必要になります。**120％を下回った場合は業務改善命令の対象になり、さらに100％を割り込むと、3カ月以内の期間にわたり、業務の全部もしくは一部停止の対象になります。

　14年12月末時点で、200％を下回る証券会社はありません。ただ証券会社間で、1300％台から200％強まで、大きな開きがあります。また、【財務】に書かれている「預かり資産」は、顧客から保護預かりを受けた株券、債券、投信などの合計で顧客基盤の厚みを示します。

　投資対象としてだけでなく、口座開設などで安全な証券会社を選ぶ上でも参考になる指標だといえます。

第 4 章

儲かっている会社は どう探す？

01 損益計算書のツボを押さえよう

損益計算書をベースにまとめている【業績】をチェックすれば、よい会社と悪い会社が見分けられる。

損益決算書は1年間の経営成績

　第3章で解説した貸借対照表と損益計算書の関係は、図のようになります。貸借対照表が期末時点の財産の状態、つまりストックを表しているのに対し、損益計算書は当期の期初から期末までの営業成績、つまりフローに当たる1年間の経営成績を表します。いわば、当期の損益計算書は前期末の貸借対照表と当期末の貸借対照表をつなぐ役割を担っています。その仲介役が損益計算書の純利益です。

　経営者は、株主から預かった財産である自己資本を、1年間の純利益を通じ、どれだけ増やすことができたかで評価されます。純利益は株主価値を増加させますが、逆に純利益が赤字に陥ってしまうと、自己資本は減少し、株主価値は毀損されてしまいます。

　『四季報』の【業績】は、損益計算書の中核項目をベースに作られています。売上高、営業利益、経常利益、純利益を抽出し、これに1株益と1株配を加えた6つの項目から成り立っています。

　決算期の前についている「連」は日本会計基準の連結決算、「◎」は米国会計基準（SEC基準）の連結決算、「◇」は国際財務報告基準（IFRS

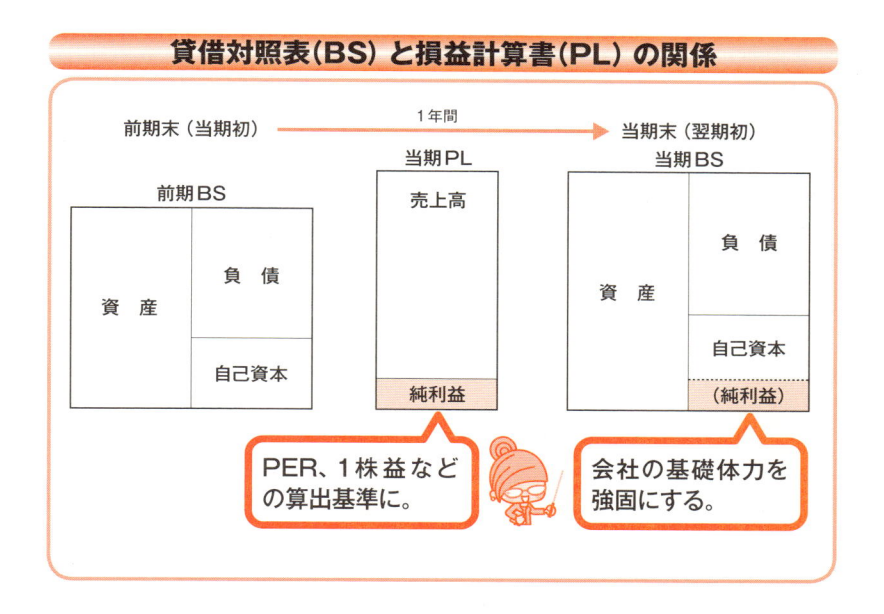

貸借対照表（BS）と損益計算書（PL）の関係

```
前期末（当期初） ──1年間──→ 当期末（翌期初）
    前期BS          当期PL         当期BS
  ┌─────┬───┐    ┌─────┐      ┌─────┬───┐
  │     │負債│    │売上高│      │     │負債│
  │資産 ├───┤    │     │      │資産 ├───┤
  │     │自己│    │     │      │     │自己│
  │     │資本│    ├─────┤      │     │資本│
  └─────┴───┘    │純利益│      │     ├───┤
                 └─────┘      │     │(純利益)│
                              └─────┴───┘
```

- PER、1株益などの算出基準に。
- 会社の基礎体力を強固にする。

の連結決算、「単」は単独決算であることを表しています。「変」は12カ月以外の変則決算であるという意味です。

　【業績】は上段から本決算と、第2四半期決算（中間決算）が並び、第1、3四半期決算が発表された後の号は、四半期決算の実績も掲載しています。それぞれ決算期の前に決算方式に応じた「連」「◎」「◇」「単」と、「中」「四」をつけて区別しています。そして会社が業績計画を発表している場合は、最下段に会社業績計画を掲載し、決算期の前に「会」とつけています。

　では、会社がどのような経営状態にあるか、「よい会社」と「悪い会社」を見分けるポイントを、日本基準の会社を中心にして見ていきましょう。

『四季報』は独自予想が最大の特徴

　まず注目すべきポイントは、決算期の後に「予」がついた『四季報』

による業績予想です。

　これは、第１章でも述べたように、最下段の会社業績計画とは、必ずしも一致しません。『四季報』は、記者が取材に基づき独自に予想数値を練り上げているためです。

　記者は業種別に担当会社を決めており、同業他社も取材しているので、他社との比較感から会社計画を検証します。さらには業種全体の景況感や、景気全般の動向などにも目配りして、今期と来期の２期にわたる独自予想を作り上げます。こうして立てられた担当記者による業績予想は、さらに四季報編集部の厳しいチェックを経た上で、四季報予想として完成するのです。

　上場会社のほとんどは、前期の決算発表と同時に、現在進行中の期について業績計画を発表します。実態が、計画から大きく外れそうなときには、会社は、計画の修正を発表しなければなりません。その基準は、売上高で計画対比10％、営業利益、経常利益、純利益は同じく30％以上の振れが見込まれる場合と決まっていますが、振れが基準内の場合はもちろん、決算期途中での修正を避けようとする会社も多くあります。

　これに対して『四季報』は、会社計画をそのまま鵜呑みにして誌面へ掲載することはありません。会社への取材の過程で、会社計画に根拠、合理性があるか、誤算がないか、じっくり吟味します。

　根拠、合理性があると判断すれば、四季報予想と会社計画が一致することもありますが、会社側の説明に合理性が欠ける、期初に計画を立てた時点から業況が変動してしまった場合などは、『四季報』は会社計画とは異なる独自予想を掲載します。

　来期の業績見通しについては、もともと会社側は基本的には発表していませんから、**『四季報』の２期目予想はすべて独自予想です。**『四季報』が独自に２期目の業績予想を掲載する理由は、これによって来

四季報予想はココを見る

●サイバーエージェント（4751）

【業績】(百万円)	売上高	営業利益	経常利益	純利益	1株益(円)	1株配(円)
連12. 9*	141,111	17,410	17,146	8,522	131.6	35
連13. 9*	162,493	10,318	10,570	10,504	166.4	35
連14. 9	205,234	22,220	22,188	9,556	153.1	60記
連15. 9予	260,000	32,000	32,000	16,000	255.6	50
連16. 9予	265,000	31,000	31,000	15,500	247.7	50
中14. 3	96,162	10,813	10,825	4,963	79.6	0
中15. 3予	124,000	20,000	20,000	10,500	167.8	0
四13.10-12	43,715	4,263	4,323	2,066	33.2	
四14.10-12	63,451	12,535	12,694	6,361	101.7	
会15. 9予	240,000	28,000	28,000	14,000	(14.10.30発表)	

- 本決算の実績
- 本決算の予想
- 第2四半期決算の実績と予想
- 第1、3四半期の実績
- 本決算の会社業績計画

決算期の後に「予」がついているのが、四季報予想！

期の業績の方向性を、読者に読み取ってもらうためです。

会社分析には足元の業績動向も重要ですが、それが今後、どうなるか、先行きを判断することがきわめて重要となってきます。正確に来期業績を予想することは難しいですが、業績トレンドについての判断材料を提供することが2期目予想の役割なのです。

売上高は利益の源泉

『四季報』の【業績】にある、売上高、営業利益、経常利益、純利益、1株益、1株配の6つの項目の中で、基本となるのは、売上高です。**会社が儲かっているかどうかを示すのは「利益」ですが、その源泉となる売上高なくして利益はありえません。**

デフレ期では、売上高より利益重視の風潮が強まりました。たとえ売上高が伸びなくても、減量経営を通じコストを切り下げることで、利益を確保することが重視されたのです。

ただ、その対応には限界があります。減量経営のままでは、縮小均

売上高は利益の源泉

●味の素（2802）

【業績】(百万円)	売上高	営業利益	経常利益	純利益	1株益(円)	1株配(円)
連12. 3	1,197,313	72,584	75,919	41,754	61.3	16
連13. 3	1,172,442	71,232	77,167	48,373	74.4	18
連14. 3	991,332	62,548	69,541	42,795	69.7	20
連15. 3予	1,018,000	68,000	73,000	43,000	72.7	22
連16. 3予	1,210,000	76,000	81,000	46,000	77.7	22～24
中14. 9	467,622	28,588	31,909	20,747	35.0	10
中15. 9予	595,000	33,000	35,000	23,000		
四13. 4-12	742,322	50,812	56,791	37,049		
四14. 4-12	731,443	53,559	59,830	39,843		
会15. 3予	1,008,000	70,000	75,000	44,000		

四季報予想は必ずしも会社計画と一致しない。

2期目の業績予想で将来の方向性が読み取れる。

売上高が増えれば利益を上げやすい。売上高と利益をバランスよくチェックしよう！

衡に陥ってしまいます。需要の変化を巧みにとらえて国内販売を拡大する、成長市場を求めて海外販売を伸ばす、あるいは新商品や新規事業の育成、シェア拡大に成功するような成長企業は、やはり売上高を伸ばしています。

　もちろん、単に売上高だけを懸命に伸ばしても、採算の悪い事業を拡大していれば利益がついてこないばかりか、赤字に陥ってしまう懸念さえあります。そうした点で、会社の経営状況を判断する際は、まず売上高の伸びを見ると同時に、**利益の動きをバランスよく見るために、営業利益を売上高で割って求める売上高営業利益率を確認することが有効です。**売上高営業利益率の高い会社は、競争力を備えた、強い商品や事業を持った会社だといえます。また、ネット企業やサービス業も、あまり売上原価がかからない事業ですから、売上高営業利益率は高くなりやすいといえます。

　なお、『四季報』では、業種によっては売上高という用語を使わないケースがあります。自社の売上高以外の収入の比率が高い会社は「営

業収入」としています。フランチャイズ（FC）に加盟する店舗からの収入が多いコンビニエンスストアなどが代表的な例です。また、証券、消費者金融、信販、リース、商品先物などの業種では「営業収益」、銀行では「経常収益」、生命保険では「保険料等」、損害保険会社では「正味保険料」を売上高に相当する項目として使用しています。

営業利益、経常利益、純利益の違い

　『四季報』の【業績】を見ると、売上高の後に、3つの利益が並んでいます。次節から詳しく見ていきますが、まず簡単にそれぞれの利益の持つ意味と関係を見ておきましょう。

　まず利益の源泉となる売上高。**会社は複数の事業部門を持っているケースが一般的ですが、その基本となるのは売上数量×販売単価です。**記者は常にこの2つの動向に注意し、売上高を予想します。

　そして、この売上高から売上原価を引いたものが売上総利益で、粗利益ともいわれます。製品や商品の販売そのものでどれだけの儲けがあったのかを示しています。この売上総利益は『四季報』の【業績】には掲載していませんが、重要な指標の1つですので、業績欄の記事で、その動向について言及しているケースもあります。

　営業利益は、売上総利益から、さらに販売費・一般管理費を引いたもので、本業での儲けを示しています。『四季報』では営業利益をもっとも重視しています。「業績欄」の記事や見出しは原則、営業利益に焦点を当てて記述しています。多くの会社は事業部門ごとに売上高や営業利益を開示していますので、どの事業が会社の儲けの柱になっているのかがわかります。

　経常利益は、営業利益に営業外収支を加えたものです。営業外収支は金融収支や為替差損益などのほか、持分法投資損益が含まれます。このため、**経常利益はグループ全体の儲けを表しているといえます。**

損益計算書の仕組み

売上高 — 売上数量×販売単価が基本

－売上原価

売上総利益 — 製品や商品の販売そのものからの儲け

－販売費・一般管理費

営業利益 — 本業の儲けを示す重要な利益

＋営業外収益＝受取利息・配当金、持分法投資利益、為替差益等
－営業外費用＝支払利息、持分法投資損失、為替差損等

経常利益 — 本業以外の損益を含め、グループ全体の利益を示す

＋特別利益＝土地・投資有価証券売却益など
－特別損失＝土地・投資有価証券売却損、減損損失、子会社関連損失等
－法人税等

純利益 — 「当期利益」「最終利益」とも呼ぶ

株式投資にとっても重要！

　経常利益に、臨時的な損益である特別損益を加えて、法人税や税効果相当額などを調整したものが、純利益です。当期利益や最終利益とも呼ばれます。

　純利益は、一時的な土地や投資有価証券の売却損益に左右されます。会計制度が変更された際、特別損益が計上される時期が続いたこともあり、あまり重視されない時期もありました。ですが、冒頭で触れたように、**純利益は貸借対照表と損益計算書をつなぐ仲介役です。また純利益を発行済み株式数で割った１株益は、株価形成に直結します。**純利益の変化にぜひ、注意を払うようにしてください。

02 営業利益は会社の真の実力を示す

営業利益は、その数字だけでなく、在庫や減価償却費、研究開発費の動向を見て、将来の利益見通しまでチェックしよう。

営業利益は本業の儲け

　営業利益は、【業績】の中でもっとも重視すべき数字です。それは、営業利益が本業の「稼ぐ力」、つまり会社の実力を表すからです。

　営業利益は、売上高から売上原価と販売費・一般管理費を差し引いて計算します。いわば、**会社が製品を作ったり、商品を仕入れて販売したとき、どれだけ付加価値を付け加えられたかを表す数字**です。

　売上高から売上原価を差し引いて求める売上総利益では、在庫や減価償却費、研究開発費などに注意してください。期末の在庫を期初より増やすと、売上総利益は膨らんで見えますが、その在庫は本当に将来売れるものか、チェックする必要が生じます。この場合、キャッシュフロー表を見れば、実際の現金の資金繰りを確認できます。

　減価償却費も重要です。工場の建物や機械などへの設備投資は、減価償却費という形で、その利用年数に従って費用計上します。製造原価に占める減価償却費の比率が高いと、投資がまだ売上高に結びつかない時期は、収益が悪化しやすいですが（減価償却費は販管費に計上するケースもあります）、費用計上期間が終わると、営業利益が急回復する

営業利益で会社の実力がわかる

●ファナック (6954)

【業績】(百万円)	売上高	営業利益	経常利益	純利益	1株益(円)	1株配(円)
連12.3	538,492	221,834	228,...	...	...	212.77
連13.3	498,395	184,821	...	...	...	84.68
連14.3	450,976	164,134	17...	...	...	70.06
連15.3予	710,000	280,000				5~300
連16.3予	680,000	260,000	27...			6~280
中14.9	342,815	13,319	14...			44.69
中15.9予	350,000	140,000	148,...	90,000	450.7	147~148
四13.4-12	327,202	114,03	122,03	77,080	393.9	
四14.4-12	526,406	...	...	...	763.8	
会15.3予	688,200				(14.9.25発表)	

> 営業利益を売上高で割って求める売上高営業利益率は競争力の高さを表す。

> ファナックの売上高営業利益率は、製造業では群を抜く約4割に達する。

本業の稼ぐ力を表す営業利益は、【業績】の中でもっとも重視すべき数字!

例も見られます。

　次世代製品を生み出すためなどで研究開発費が膨らんでも、その分、売上総利益は減少します(研究開発費も販管費に計上するケースがあります)。ただ、**こうした設備投資や研究開発費は、翌期以降に会社の利益を生む「種まき」ととらえることもできます。**大型投資が実施されるような際は、『四季報』では「材料欄」でできるだけ詳しく触れるようにしています。

　また、販売費・一般管理費の販売費には、広告宣伝費や販売促進費などが含まれます。これらを削ると一時的に営業利益は押し上げられても、将来の売上高が伸び悩むことになりかねません。一般管理費は主に管理部門の人件費などです。製造に携わる部門の人件費は、基本的には製造原価に組み入れられます。

03 経常利益でグループ全体の実力を知る

連結経常利益を見れば、関連会社など周辺グループの損益状況を把握できる。

経常利益は、本業＋本業以外の儲け

　経常利益は、営業利益に営業外収支を加えて算出したものです。営業外収支は、本業以外の収入や損失を指し、受取利息や借入金などにかかる支払利息、為替取引による損益などが含まれます。

　たとえば会社が自社ビルを持っていて、本業ではないものの、空きスペースを賃貸に回すような場合、賃貸料は営業外の雑収入に計上されます。また、銀行預金などによる受取利息、借入金の支払利息など、財務活動に伴う収支はすべて営業外収支に計上されます。

　つまり**経常利益は、営業利益が示す「本業」に加え、その他の事業活動を含めた、常日頃、経常的に上がってくる利益を表すのです。**

周辺グループの損益状況もわかる

　企業グループに含まれる関係会社には2種類あり、第1に親会社が支配している子会社、第2に支配しているとまではいえないものの、影響力を持つ関連会社があります。

　支配しているか、影響力を持つかは取引や役員の状況などから、実

連結経常利益でグループ全体の実力がわかる

●新日鐵住金（5401）

【業績】(百万円)	売上高	営業利益	経常利益	純利益	1株益(円)	1株配(円)
連12. 3	4,090,936	79,364	143,006	58,471	9.3	2.5
連13. 3	4,389,922	20,110	76,931	▲124,567	▲16.2	
連14. 3	5,516,180	298,390	361,097	24		
連15. 3予	5,650,000	330,000	425,000			
連16. 3予	5,700,000	380,000	500,000	30		
中14. 9	2,778,474	13,525	176,321	112,247	12.3	2
中15. 9予	2,800,000	16,000	215,000	135,000	14.8	2~3
四13. 4-12	4,037					
四14. 4-12	4,181					
会15. 3予	5,650,					(1.29発表)

> 関連会社は持分法により連結される。

> 新日鐵住金は、持分法適用会社に合同製鐵、トピー工業、SUMCOなど上場会社のほか、海外合併会社を幅広く抱える。

経常利益を見れば、周辺グループの損益状況もわかる！

質的に判断されますが、基本は、親会社による持株比率が50％超あれば子会社、20％以上あれば関連会社として考えられます。持株比率がそれぞれの基準以下でも一定の事実があり、支配または影響していると判断されれば、子会社や関連会社に位置づけられます。

連結決算では、子会社は原則として全部連結され、売上高、営業利益から上乗せになります。一方、関連会社は持分法により連結されます。 関連会社は純損益を、親会社の出資比率に応じた持分法投資損益として営業外収支に計上するのです。たとえば、親会社が持分法適用会社に2割出資していれば、その会社の純損益の2割を親会社の経常利益に反映させるわけです。

たとえば、新日鐵住金（5401）は経常利益が営業利益を大きく上回っていますが、これは上場している持分法適用会社などをグループ内に抱えているためです。経常利益を見ることで、グループ全体の損益状況を把握することができるのです。

04 自己資本の増加に直結する純利益

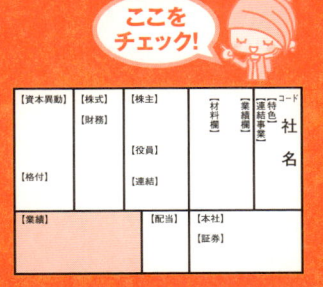

ここをチェック!

純利益の積み重ねは、自己資本を増やし、会社の基礎体力を強固にします。将来に向けた投資や株主還元の原資にもなります。

減損会計の仕組み

　純利益は、その年度に会社の手元に残った利益です。当期利益、または最終利益ともいいます。『四季報』では「純利益」と表記しています。冒頭に、純利益は貸借対照表と損益計算書をつなぐ仲介役と述べたように、自己資本（＝株主価値）を増減させるので、会社を分析するためには重要な指標です。

　ここでは、その中身を詳しく見てみましょう。純利益は、経常利益に特別損益を加えて税引前当期利益を算出し、さらに税負担などの影響を加味して計算します。

　特別損益とは、遊休地などを売却して得られる土地売却益や工場設備の廃棄損など、あくまで臨時（＝特別）に発生した損益です。そして、ここには減損処理費用も含まれます。

　減損会計では、会社が貸借対照表に計上する資産は、将来の収益に役立つから存在していると考え、資産価格は資産が将来生み出す収益を反映して算出します。 もし何らかの要因で、その資産が将来にキャッシュフローを生み出す力が減退してしまったら、その価格下落

株主利益に直結する純利益に注目

税引前利益 ＝ 経常利益＋特別損益
純利益 ＝ 税引前利益－法人税等の税負担
（当期利益、最終利益）

特別損益　遊休土地の売却益や損失、投資有価証券の売却益や損失、関係会社の整理損等

法人税等　法人税、住民税、事業税

相当分を損失として認識すると同時に、貸借対照表上の資産価格も減額しなければならないと考えるのが、減損処理です。

　企業買収に伴って発生する、のれんも同様です。のれんは、土地や建物などの資産価格に基づかない、会社のブランドなどが生み出す超過収益力を指します。

　企業買収の際に設定される買収価格には、こののれんが含まれており、のれん分は買収後20年以内に販管費で償却します。ですが、のれんも同様に、その後になって超過収益力が減少したと判断されるときには、減損処理費用を計上する必要があります。

税効果会計とは？

　このような特別損益を加えた税引前利益から、国や地方自治体に支払う法人税等を引いたものが純利益となります。実効税率はおよそ40％程度ですので、残りの60％程度が純利益として残るはずです。もし、この関係が当てはまらないときは、何か特殊な要因が絡んでいる可能性が高いと判断できます。その代表例が、税効果会計です。

　税効果会計は、財務会計上の利益計算と税務会計上の所得計算のズレを調整するための処理です。たとえば、図のように経常利益200

税効果会計が純利益に与える影響

(損益計算書)	Ⓐ繰延税金資産計上	Ⓑ繰延税金資産非計上
経常利益	200	200
特別利益	0	0
特別損失	100	100
税引前利益	100	100
法人税等	80	80
法人税等調整額	▲40	0
純利益	60	20

(注) 法人税等の実効税率は40％と仮定。

(繰延税金資産債が発生した原因別の内訳)		
繰延税金資産		
貸倒引当金繰入限度超過額	40	40
繰延税金資産合計	40	40
評価性引当額	0	▲40
繰延税金資産の純額	40	0

税効果会計は、財務会計上の利益計算と税務会計上の所得計算のズレを調整するための処理。

の会社が、特別損失で税務会計上は損金算入できない貸倒引当金繰入100（不良債権の償却）を行ったとします。すると税引前利益は100ですが、税務会計上は貸倒引当金繰入100を損金算入できないため、経常利益200がそのまま課税対象になり、法人税等は200×40％＝80で計算されます。税効果会計が適用されなければ純利益は、税引前利益100－法人税等80＝20となってしまいます。

　ですが、**不良債権が後になって完全に回収不能になると、税務会計上も損金と認められます。**すると、法人税等は貸倒引当金繰入100×40％＝40が減ることになります。税効果会計は、この期間的なズレを調整するため、最初の段階で支払うべき法人税等80はいったん計上しますが、このうち不良債権償却の先払いに当たる税額分40は、

法人税等調整額として利益計上すると同時に、貸借対照表には繰延税金資産として計上する処理を行うのです（図Ⓐ）。

　ただ、この税効果会計による繰延税金資産（法人税等調整額）は、計上できない場合があります。それが図Ⓑのケースです。繰延税金資産は、将来の税額減少効果が認められるときのみに計上できます。将来、赤字を見込み、税額が発生しないと予想されるときなどは繰延税金資産の資産性が認められず、法人税等調整額は計上できません。つまり将来の収益見通しによって、純利益は異なるのです。繰延税金資産の資産性を会社がどう見ているかは、決算短信で確認できます。

　また、巨額の赤字を計上するなどして、税務上の繰越欠損金を計上した場合は、翌期以降９年間は税務上の所得が発生すれば、その所得から控除され、税負担を減少させる効果を持っています。

１株益が株価に大きな影響を与える

　『四季報』の【業績】には営業利益と経常利益、純利益の３つが掲載され、なかでも「営業利益は会社の実力を表す」と前述しましたが、純利益も営業利益に負けず劣らず、大切な指標です。

　『四季報』では、過去の利益水準と比較する際は純利益を重視しており、【指標等】で過去の最高純益額と最高純益を達成した決算期を記載しています。そして、予想で最高純益の更新が見込まれるときは、「業績欄」の見出しや記事で強調するようにしています。

　純利益はいわば、毎期の会社の「努力の結晶」と表現できます。この「結晶」はさまざまなものに使われます。個人の家庭では余ったおカネの一部が貯蓄に回るように、会社経営では、内部留保として毎期の利益を積み重ねます。それは自己資本、すなわち株主の財産を増やし、会社の基礎体力を強固にします。

　会社が競争力のある製品やサービスを生み出すためには、投資を続

業績予想の背景は業績欄をチェック！

●東日本旅客鉄道（9020）

15年3月期は経常利益までは増益を確保するが、純利益は減益。業績欄の記事を見れば、その要因は特損と税効果だとわかる。

【着実増】在来線軸に鉄道が好調。前号比で純益は減少。山田線復旧引当特損と税効果で16年3月期は上野東京ライン効果もさらに伸長。不動産も堅調。営業益拡大。新幹線効果も貢献。流通や不動産も伸長。【快適通勤】中央線快速に2階建てグリーン車導入を20年度結論。ホーム改良などに750億円の増収効果。【投災区間】山田線被災復旧工事完了後、三陸鉄道に譲渡。

【業績】(百万円)	売上高	営業利益	経常利益	純利益	1株益(円)	1株配(円)
連12. 3	2,532,173	360,024	272,182	108,737	274.9	110
連13. 3	2,671,822	397,562	317,487	175,384	443.7	120
連14. 3	2,702,916	406,793	332,518	199,939	506.8	120
連15. 3予	2,744,000	423,000	357,000	180,000	458.2	120
連16. 3予	2,785,000	433,000	367,000	228,000	580.4	120~130
中14. 9	1,356,211	257,895	220,993	136,019	345.9	60
中15. 9予	1,378,000	229,000	229,000	143,000	364.0	60~65
四13. 4-12	2,031,681	376,462	314,776	194,522	493.0	
四14. 4-12	2,065,523	386,429	332,442	195,873	498.2	
会15. 3予	2,744,000	423,000	357,000	200,000	(15.1.30発表)	

ける必要があります。内部留保は、こうした将来に向けた投資や、配当など株主還元の原資にもなります。

　また、**純利益を発行済み株式数で割った1株当たり利益（EPS）は、PER（株価÷1株利益）を通じ、株価に直結します**。純利益が大きい会社は、基本的にはよい会社だと考えられます。ですが、純利益が大きくても、発行済み株式数が多ければ、1株当たり純利益は少なくなります。逆に、自己株買いなどを実施した場合は、計算対象株式数が減りますので、1株利益は多くなります。『四季報』の【業績】では「1株益」と表示しています。

　最近は、個人投資家が購入しやすくなるように、株式分割を実施して、株価を低くする会社が増えています。『四季報』の【業績】では、**1株益と1株配は、途中に株式分割があっても増減を時系列で比較できるように数値を調整しています**。株式投資で銘柄を選択する際は、1株利益の推移も重視するようにすると、役に立ちます。

05 『四季報』では配当も独自予想

ここをチェック！

最近は業績に応じて増配する会社が増えている。『四季報』の独自予想を見れば、株主に対する還元姿勢がわかる。

中長期保有の投資家が重視する指標

　『四季報』では、記者が取材をベースに「増・減配」の可能性があると判断したときは、独自に増・減配予想を立てます。**配当に関するデータは【業績】の「1株配」と、【配当】の2カ所があります。**

　「1株配」は、過去の実績と、今期・来期の通期予想（年額）、および第2四半期の過去1期分の実績と今期予想を掲載しています。「1株益」と同様、株式分割や株式併合があった場合は、増減を時系列で比較できるように、その影響を調整した数字を記載しています。

　たとえば、前期10円配を行って、今期初に1株を2株へ株式分割した場合、5円配を実施すれば、前期に1株持っていた株主が今期も同じ配当（5円×2株）を受け取れます。この場合、今期予想を5円配とすると同時に、株式分割を遡及修正して前期の10円を5円と掲載するのです。調整したときは当該決算期の右に＊をつけます。

　それに対し【配当】は、株式分割などによる調整を行わず、基準年月時点で1株に対し実際に受け取ることができた、もしくは、できると予想する配当金の実額を掲載しています。先ほどの例であれば、前

配当は【資本異動】も注目！

●キャンドゥ（2698）

年月	【資本異動】	万株
10.11	公0.68万株 （76416円）	16
10.11	三者0.17万株 （OA）	16
13. 6	分1→100	1,677

> 分1→100とは、1株を100株に分割したという意味。

【業績】(百万円)	売上高	営業利益	経常利益	純利益	1株益(円)	1株配(円)	【配当】	配当金(円)
連10.11*	62,407	998	1,091	291	18.6	10	12.11	750
連11.11*	63,019	2,384	2,451	685	41.6	12.5記	13. 5	750
連12.11*	62,668	2,182	2,331	905	56.1	15	13.11	7.5
連13.11*	62,737	1,484	1,699	612	38.3	15	14. 5	7.5
連14.11	63,484	1,700	1,899	723	44.6	17.5記	14.11	10
連15.11予	64,800	1,740	1,900	760	46.8	15~17.5	15. 5予	7.5
連16.11予	66,000	1,850	2,000	800	49.3	15~17.5	15.11予	7.5~10
中14. 5	32,480	1,111	1,189	469	29.	7.5	予想配当利回り	0.94%
中15. 5予	32,700	1,010	1,090	460	28.3	7.5	1株純資産(円)<14.11>	
会15.11予	64,828	1,742	1,901		(15.1.13発表)		641.3	(22.1)

> 【業績】では、*のついた期は株式分割を反映した、第2四半期および通期の合計配当額を表示。実質的な変化がわかる。

> 【配当】では、株式分割による修正を行わず、実際に受け取ることができる金額を表示。四半期配当にも対応。

期10円、今期5円のまま掲載するわけです。

　ここでは、【業績】のように年額をまとめて記載するのではなく、本決算、第2四半期、第1・3四半期決算期末など、基準年月時点ごとに受け取った配当実績、あるいは配当予想を記載しています。

　配当は、個人だけでなく、機関投資家を含め、中長期保有の投資家が重視する指標です。よほど成長期待の高い会社でなければ、無配が続くと予想される会社は、ファンドなどには組み込まれません。

　確かに会社の成長初期は、資金需要が旺盛のため、資金を配当に回すより、再投資に回すほうが有効なケースはあります。それが徐々に安定成長期に入るに従い、配当政策を変えていくのです。**配当は、会社の成長段階について経営者の意思を確認する指標ともいえます。**

06 IFRSについても知っておこう

世界的に存在感を増しているIFRS。日本でも優良企業が適用している。日本基準との違いやメリットを押さえておこう。

会計基準で投資家の評価が変わる

　上場している会社は、会計基準と呼ばれるルールに基づき会計処理や決算情報の開示を行います。現在、上場会社に用いられている会計基準は、日本会計基準、米国会計基準（SEC基準）、国際財務報告基準（IFRS）の3種類があります。

　会計基準の相違によって会社の実態そのものが変化するわけではありません。ですが、**会計基準を変更した場合、業績や財務内容が大きく変容することが多く、これによって投資家の評価が変わってきます。**このため会計基準は、会社の経営戦略を変える可能性もあるのです。

　『四季報』では、【業績】の左端に当期決算が、どの会計基準で行われたかを記載しています。「連」「単」は日本基準、「◎」はSEC基準、「◇」はIFRSであることを示しています。

3つの会計基準

　まず日本基準ですが、日本の制度会計は、会社法に基づく会計、会社法の特別法としての側面をもつ金融商品取引法に基づく会計、税法

会計基準もしっかりチェックしよう

●TDK（6762）

【業績】(百万円)	売上高	営業利益	税前利益	純利益	1株益(円)	1株配(円)
◎12. 3	814,497	18,687	12,245	▲2,454	▲19.1	80
◎13. 3	851,575	21,648	18,858	1,195	9.5	70
◎14. 3	984,525	36,616	39,772	3,288	129.5	70
◎15. 3予	1,080,000	70,000	68,000	42,000	333.5	90
◎16. 3予	1,140,000	96,000	96,000	62,500	496.3	90～100
中14. 9	502,275	27,922	27,356	18,143	144.2	40
中15. 9予	550,000	42,000	43,000	28,000	222.3	40
四13. 4-12	743,375	34,352	34,912	15,711		
		53,104	49,597	34,5		
		70,000	68,000	42,0		

どの会計基準を使用しているかはここを見る。
連、単：日本会計基準
◎：SEC基準
◇：IFRS

SEC基準では経常利益がなくなり税前利益に。

上場会社に用いられている会計基準は3種類ある。

に基づく会計の3種に分かれます。それぞれ目的が異なりますが、近年、会社法会計と金融商品取引法会計の相違点は少なくなってきています。**上場会社が証券市場や投資家に向けて情報を開示する場合は、金融商品取引法会計を用います。**これによって財務諸表等規則や、企業会計基準委員会（財務会計基準機構）が設定した各種基準、適用指針に基づく会計処理や開示がなされます。

　一方、SEC基準は、ニューヨーク証券取引所やナスダックなど米国市場に上場する会社が米国証券取引法を根拠に、原則的に適用を求められる会計基準です。かつては世界標準に近い基準と見なされ、また米国に預託証券を上場する日本企業も多く、SEC基準を適用する会社は増加傾向でした。時価会計や企業結合会計のパーチェス法採用など日本の会計基準にも大きな影響を与えてきました。

　しかし、その後、IFRSに押され、かつ米国市場から日本企業が撤退する流れもあったことから漸減基調に転じ、現在ではSEC基準を採用するのは、30社に満たない程度です。日立製作所（6501）は

2016年3月期に、上場する子会社全社でSEC基準からIFRSへ移行することを決めています。ホンダ（7267）も同様です。ただ、京セラ（6971）やソニー（6758）、TDK（6762）、トヨタ自動車（7203）など大手優良企業が使用しており、依然、無視できない会計基準といえるでしょう。

SEC基準には、日本基準と違って経常損益の概念がありません。このため、『四季報』では税引前利益を記載しています。また、日本基準で営業外費用、特別損失に計上されていた項目のうち、固定資産の除却損や売却損など本業に関連する項目については営業利益の段階で計上します。このため、SEC基準では、日本基準に対し営業利益が過少になる傾向があります。

一方、年々、世界的に存在感を増しているのがIFRSです。経済のグローバル化に伴い各国統一の会計基準の設定が求められ、欧州発で国際会計基準審議会（IASB）により作成されたものです。欧州では、05年からEU域内の上場企業に強制適用を義務づけています。

IFRS財団によれば、世界の138カ国・地域のうち114が、またアジア32カ国・地域でも23がIFRSを強制適用しています。IFRSは世界標準に近づきつつあり、強制適用でない国は、米国や日本、インド、中国など限られた国になりつつあります。

日本でIFRSの任意適用が始まったのは10年で、第1号は日本電波工業（6779）でした。15年3月時点では、すでにIFRSを任意適用している上場会社は40社弱あり、住友商事（8053）などの総合商社やHOYA（7741）、JT（2914）、リコー（7752）、富士通（6702）、ファーストリテイリング（9983）など国際優良企業が多数含まれています。電通（4324）やコナミ（9766）、花王（4452）、東芝（6502）など任意適用の予定を公表した会社も含めると、80社弱になります。

社数だけを見るとまだ少なくも感じますが、**任意適用会社の株式時**

第4章　儲かっている会社はどう探す？

IFRS任意適用会社（2015年3月時点）

会社名	業種分類	適用開始時期
日本電波工業	電気機器	2010年3月期
HOYA	精密機器	2011年3月期
住友商事	卸売業	2011年3月期
日本板硝子	ガラス・土石製品	2012年3月期
JT（日本たばこ産業）	食料品	2012年3月期
すかいらーく	小売業	2012年12月期
ディー・エヌ・エー	サービス業	2013年3月期
アンリツ	電気機器	2013年3月期
SBIホールディングス	証券、商品先物取引業	2013年3月期
マネックスグループ	証券、商品先物取引業	2013年3月期
双日	卸売業	2013年3月期
トーセイ	不動産業	2013年11月期
中外製薬	医薬品	2013年12月期
楽天	サービス業	2013年12月期
ネクソン	情報・通信業	2013年12月期
丸紅	卸売業	2013年3月期
ソフトバンク	情報・通信業	2014年3月期
旭硝子	ガラス・土石製品	2013年12月期
武田薬品工業	医薬品	2014年3月期
アステラス製薬	医薬品	2014年3月期
小野薬品工業	医薬品	2014年3月期
第一三共	医薬品	2014年3月期
そーせいグループ	医薬品	2014年3月期
リコー	電気機器	2014年3月期
伊藤忠商事	卸売業	2014年3月期
三井物産	卸売業	2014年3月期
三菱商事	卸売業	2014年3月期
伊藤忠エネクス	卸売業	2014年3月期
テクノプロ・ホールディングス	サービス業	2014年6月期
ファーストリテイリング	小売業	2014年8月期
エムスリー	サービス業	2015年3月期
エーザイ	医薬品	2015年3月期
ヤフー	情報・通信業	2015年3月期
伊藤忠テクノソリューションズ	情報・通信業	2015年3月期
富士通	電気機器	2015年3月期
セイコーエプソン	電気機器	2015年3月期
日東電工	化学	2015年3月期
ケーヒン	輸送用機器	2015年3月期

任意適用会社の時価総額は東証の時価総額の10％台後半を占め、もはや市場関係者もIFRSに無関心でいることは許されない水準！

価総額は東証の時価総額の10％台後半を占め、もはや市場関係者もIFRSに無関心でいることは許されない水準といえます。

IFRSを任意適用するメリット

　国内でのIFRSを巡る論議は2000年代中盤以降、大いに盛り上がりましたが、11年に当時の金融担当大臣が強制適用を見送る発言をしたため、急速にしぼんだ経緯があります。日本の現状では、強制適用がいつになるのか、まったくわからない状態です。それでも任意適用会社がジワジワ広がっているのには理由がいくつかあります。

　金融庁長官の諮問機関である企業会計審議会が13年6月に「国際会計基準（IFRS）への対応のあり方に関する当面の方針」を公表し、任意適用要件の緩和など拡大を後押ししたこと、また、14年6月に「『日本再興戦略』改訂2014」が閣議決定され、任意適用会社の拡大促進に努めることになったことなどが理由に挙げられます。

　証券市場でも、15年3月期決算短信から「会計基準の選択に関する基本的な考え方」が記載される見込みです。14年初から運用が開始された「JPX日経インデックス400」はROEを重視したインデックスとして著名ですが、ここでも銘柄選定指標の1つにIFRSの採用が含まれています。

　では、IFRSを任意適用するメリットは何でしょう？　まず、**海外で積極的に事業展開を行っている会社にとっては、国際比較が容易になることで、業績や財務内容が良好であれば、海外投資家の高評価を集め、海外資金を引きつけることによる株価上昇を期待できます。**また、現地市場を通じた資金調達や現地金融機関からの負債調達もスムーズになります。さらに、後述する企業結合時ののれん未償却など、IFRSの任意適用が会社の経営戦略に合致する面も見逃せません。

　IFRSの基本的な考え方は、「プリンシプル・ベース」（原則主義）で

あることです。日本会計基準が、詳細に規定を設ける「ルール・ベース」(細則主義)であるのに対し、IFRSは、原理原則を明確にし、例外を認めない原則主義で会計基準が作られているのです。基本的な原則は「概念フレームワーク」と呼ばれます。

　原則主義が採用された背景には、細則主義では細則を悪用した、意図的な逸脱や基準逃れが懸念されることがあります。IFRSが世界標準を目指していることも大きな理由です。IFRSでは、各国の法規を前提にした基準や、業種ごとの基準の策定は行わず、会計処理時の判断基準や適用指針などはあまり明示されません。任意適用会社はIFRSの原則に従い、自ら会計処理の妥当性を判断して、その理由やプロセスを公表する必要があります。

　これによって開示内容は、注記の内容が膨張するとともに、会計処理の内容にバラツキが生じます。単純な比較が難しくなるため、投資家の方には注意が必要になるでしょう。

日本基準と何が違うのか？

　それでは、IFRS任意適用会社の開示内容は具体的にどう変化するのでしょうか。

　表示の面では、まず損益計算書は日本基準から組み替わります。経常利益の区分がなくなり、「売上高」「営業利益」「純利益」の各利益段階の名称も「収益」「営業活動に係わる利益」「親会社に帰属する純利益」となります。

　『四季報』では、SEC基準同様、税引前利益を加えて業績を表示しています。注意すべきは「営業活動に係わる利益」には日本基準で営業外収支に含まれていた、その他営業外収支の一部項目や特別損益を取り込む点があります。また会社によっては、持分法投資損益を営業利益に含めるなど一様ではない点も、要注意でしょう。

日本会計基準からIFRSへの組み替えの例

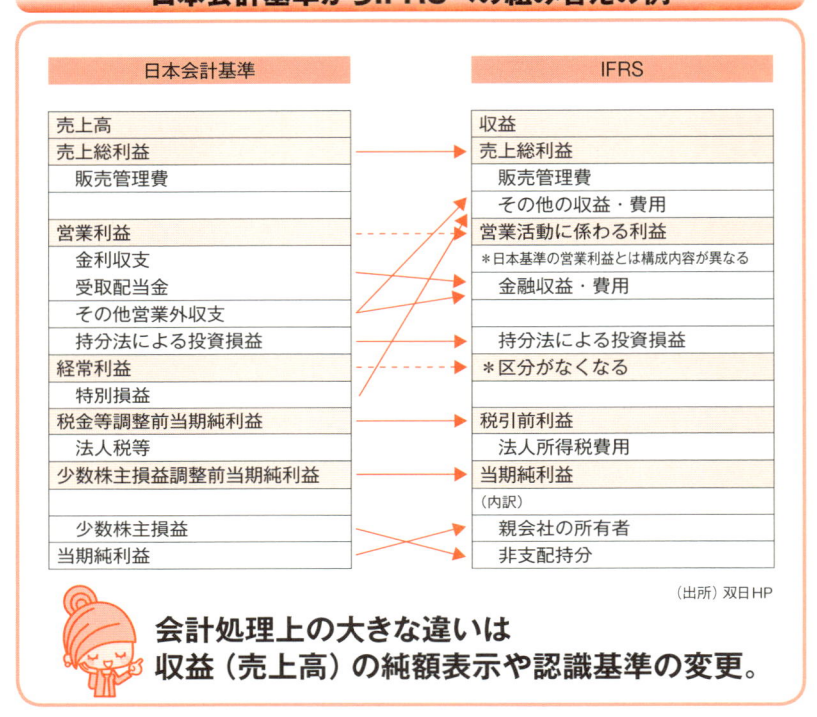

日本会計基準	IFRS
売上高	収益
売上総利益	売上総利益
販売管理費	販売管理費
	その他の収益・費用
営業利益	営業活動に係わる利益
	＊日本基準の営業利益とは構成内容が異なる
金利収支	
受取配当金	金融収益・費用
その他営業外収支	
持分法による投資損益	持分法による投資損益
経常利益	＊区分がなくなる
特別損益	
税金等調整前当期純利益	税引前利益
法人税等	法人所得税費用
少数株主損益調整前当期純利益	当期純利益
	（内訳）
少数株主損益	親会社の所有者
当期純利益	非支配持分

(出所) 双日HP

会計処理上の大きな違いは収益（売上高）の純額表示や認識基準の変更。

　貸借対照表は「財政状態計算書」と名称が変更され、固定資産を「非流動資産」と表記し（一部項目で内容が変わります）、売却予定の非流動資産は売却目的保有資産として流動資産に計上されます。

　会計処理上の日本基準との大きな違いは、第1に、収益（売上高）の純額表示や認識基準の変更です。IFRSでは在庫リスクや価格変動リスクを負わない代理人取引については、手数料部分のみ収益認識します。このため商社は収益が急減し、また今後、百貨店でもIFRSの適用がなされた場合、消化仕入取引の収益が激減することが予想されます。ただ利益に関しては影響がなく、営業利益率は見かけ上、大きく改善します。また収益認識は出荷基準ではなく、販売先に到着した時

企業買収に積極的な会社がIFRSへ変更

IFRSは、企業買収に伴うのれんは非償却（ただ減損判定は厳格化。日本基準では20年以内に償却）。企業買収に積極的な楽天はIFRSを任意適用したが、のれんの総額は自己資本比8割強に膨張。

経常利益がなくなり税前利益に。

12年12月期から会計基準をIFRSに変更。

●楽天（4755）

【連続最高益】柱のネット通販はポイント高還元の新施策奏効き堅調。ネット金融はC旅行と連携でクレジット取扱高伸長。海外は前期買収の米国社、ネット広告が貢献、赤字幅縮小。【膨張一途】人件費増こなし、営業益続伸。前期買収のメッセージアプリ14年12月末ののれん総額は2・3倍に膨らむ。アジア軸勢人突破。3636億円と1年で2・5倍に膨らむ。

点で認識する着荷基準に変わります。

　第2に、企業結合時に発生したのれんは償却せず、資産計上したままです。ただ、減損判定を厳格化することになります。**のれん償却がないことは、企業買収が利益引き下げ要因にならないため、M&Aに積極的な会社がIFRSに移行する例が多く見られます。**

　第3に、有価証券の評価については、公正価値で行われ、純損益で認識する方法と、損益計算書を通さず、その他包括利益計算書を介して純資産に計上される方法の2つが認められています。後者は日本基準とほぼ近い形ですが、売却損益が実現しても損益計算書に計上しない（リサイクリングしない）処理に違いがあります。

　このほか、受取手形や流動債権のオフバランス化の厳格化、持分法会社の適用範囲拡大などにも違いが見られます。

　もっとも、**IFRSはまだすべてが決まっている訳ではありません。**

たとえば、保険契約やリース取引の会計処理については、今後、基準の公表がなされる見込みです。また任意適用の大きなメリットである、企業結合に伴うのれんの未償却についても見直しの議論が始まっています。のれん償却が必要になれば、非常に大きな影響を及ぼすと予想され、こうした現在進行中の基準作りについては常に眼を光らせておくことが必要でしょう。

日本版IFRS

3種類の会計基準に加え、今後は4つめの基準として、修正国際基準（JMIS）が登場します。これは日本版IFRSとも呼ばれるもので、14年7月に、民間機関による企業会計基準整備の中心を担う、企業会計基準委員会が公開草案を公表しました。**日本の会計風土に合わせてIFRSを修正したもので、日本の上場会社が違和感なく移行でき、将来的にIFRSを適用する第1ステップになることを目的にしたものです。**

IFRSとの大きな相違点は、従来の日本基準同様、のれんを最大20年で償却する、また包括利益に計上されたノンリサイクリング項目を、売却時などにリサイクリングすることが挙げられます。

現在、JMISは企業会計基準委員会で再審議中です。任意適用時期は未定ですが、17年3月期頃になりそうです。ただ現在のところ、一足飛びにIFRS任意適用を決める会社ばかりで、海外投資家がJMISをどう認識するかも定かではなく、JMISの任意適用を表明した会社はほとんどありません。JMISはIFRSで審議中の項目に対する、日本としての意見表明という側面も強く、一定レベルの適用会社が集まるか、やや不透明感が拭えません。

07 よい見出しと悪い見出しの見分け方

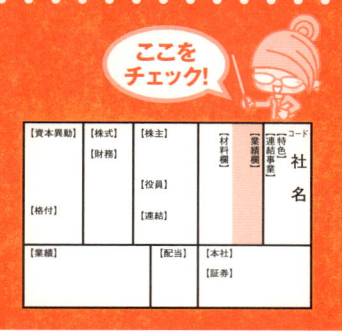

ここをチェック!

【絶好調】【飛躍】【最高益】など、会社の勢いを示す見出しをピックアップすれば、好業績の会社を先取りできる。

「業績欄」の記事で業績予想の根拠を説明

　『四季報』でもっとも注目されるのは業績予想ですが、その根拠を簡潔に説明するのが、「業績欄」の記事です。データ満載の『四季報』の中で、一番雑誌らしい部分といえます。

　『四季報』の記事は、今期（来期）の業績動向についてまとめた前半の「業績欄」の記事と、後半の「材料欄」の記事で構成されます。ここでは「業績欄」の記事の読み方のツボを押さえましょう。

　『四季報』は文字数が限られたスペースに、多くの情報を盛り込むため、独特の言葉が登場します。慣れない読者にはわかりにくいかもしれませんが、「業績欄」の見出しは、23ページの表にまとめたように標準化されたルールがあります。特に、**会社の業績動向をコンパクトに言い表す**、「業績欄」の要点ともいえます。

「業績欄」の見出しの評価基準

　「業績欄」の見出しは原則として、今期業績（1期目予想）が対象です。期末が近い場合は、来期業績（2期目予想）を対象にしています。

たとえば、毎年３月中旬に発売される「春号」では、３月期決算の場合、来３月期が対象となります。

「業績欄」の見出しは、大きく２つの評価基準があります。第１に過去実績との比較、第２に『四季報』前号との比較です。

第１の過去実績との比較による見出しの代表例は、【増益】【連続増益】【減益】【小幅減益】などです。今期の四季報予想が、前期実績と比較して増えるのか、減るのかを表しています。

第２の『四季報』前号との比較による見出しの代表例は、【増額】【大幅増額】【減額】【大幅減額】などです。今号の四季報予想が、３カ月前に発売された前号予想と比べ、増えているのか、減っているのかを表します。会社計画に対してではなく、あくまで四季報予想の前号比増減であることには留意が必要です。

配当の増減も「業績欄」の大きなトピックスです。配当予想に変化があるときは、配当を対象にした見出しをつける場合もあります。

程度に応じて表現に工夫

ひと口に【増益】【減益】といっても、その程度には差があります。そこで、**『四季報』では業績トレンドをより明確に伝えるために、見出しの表現にも工夫を加えます。**

たとえば、【伸び盛り】や【右肩上がり】は、業績の勢いが続いていることを表します。【再加速】は、利益の伸びが踊り場を迎えていた後、再び勢いが強まりそうな局面を意味します。【半歩前進】は、しばらく苦戦が続いていたところ今期は小幅増益になりそうなときに、【息吹き返す】は、利益が黒字化するときなどに使います。

【改革半ば】は、人員削減や外注費削減などリストラを進めていても赤字が続くときに、【裏目】は、受注は増えているものの、外注費も膨張してしまい、横ばいにとどまってしまうときなどに使用します。

業績欄の主な見出し

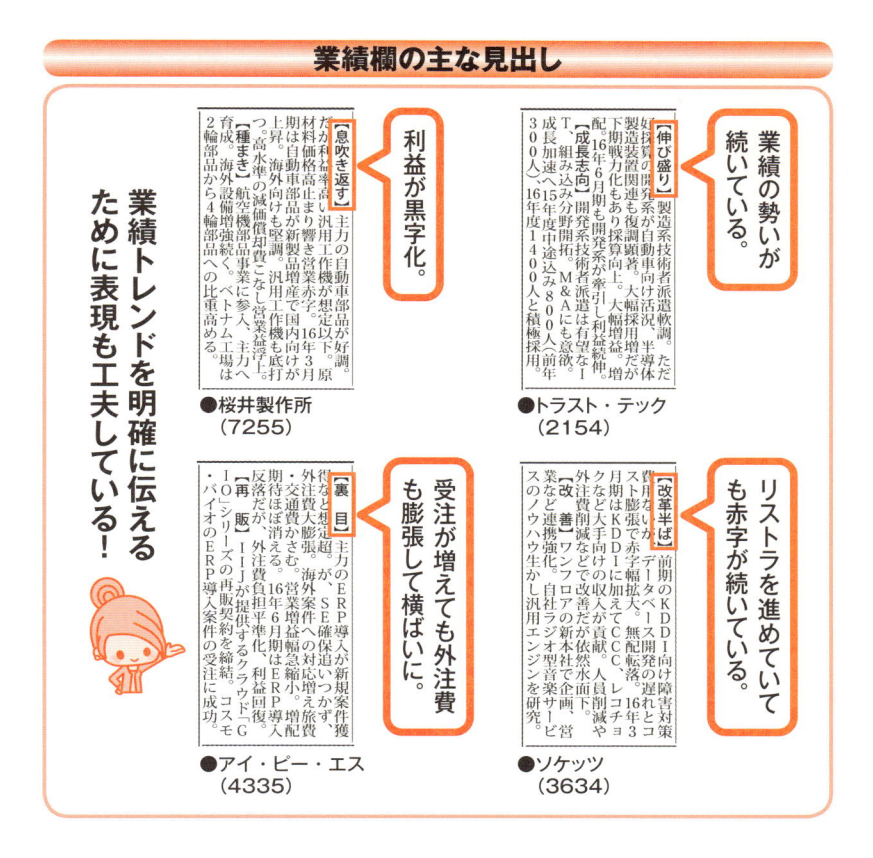

業績トレンドを明確に伝えるために表現も工夫している！

●桜井製作所（7255）

利益が黒字化。

【息吹き返す】主力の自動車向け工作機械が想定以上。高水準の減価償却費も峠越し。汎用工作機で国内16.1%、海外向け3割打が底上げ。上期材料・部品価格高止まり響き営業赤字。下期は自動車部品が好調。汎用工作機も新製品効果。赤字縮小。【種まき】航空機部品事業に参入。主力の2輪部品、海外設備増強続く。ベトナム工場から4輪部品への比重高める。

●トラスト・テック（2154）

業績の勢いが続いている。

【伸び盛り】製造系技術者派遣が好調。自動車向けは復調、半導体製造装置関連もあり活況。下期戦力化図り採算向上。大手メーカーからのM&A案件には有望な利益急伸。配16円。【成長志向】16年6月期も開発系技術者派遣がけん引。大幅採用増。分野開拓、新技術者派遣には有望な利益続伸。300人採用。16年度中に1400人→3000人へ。積極採用。

●アイ・ピー・エス（4335）

受注が増えても外注費も膨張して横ばいに。

【裏目】主力のERP導入が新規案件獲得・外注費・交通費大幅増。海外営業案件への対応遅れ、利益伸び悩み。16年6月期も反落だがほぼ消える。外注費負担平準化。利益回復。【再販】IIJが提供するクラウドの再販契約を締結。コスモ・IOシリーズの再販契約を締結。バイオのERP導入案件の受注に成功。

●ソケッツ（3634）

リストラを進めていても赤字が続いている。

【改革半ば】前期のKDDI向けデータベース開発の遅れと2コ月計上ずれで赤字幅拡大。16期もKDDI向け減。人件費、外注費削減などで改善だが依然赤字。無配転落。【改善→連携強化】CCC、ワンフロアのラジオ型音楽企画・音配信支援に貢献。自社ラジオ新規本水面下で検討。汎用エンジンを研究。

【増額】についても、程度に応じて【増益幅拡大】【上振れ】【上方修正】【一転黒字】【減益幅縮小】などと言い換えています。また、【減額】についても、【減益幅拡大】【下振れ】【下方修正】【一転赤字】【増益幅縮小】などとニュアンスを変えています。

『四季報』を長年使いこなしている株式投資家には、最新号の発売日当日に「業績欄」の見出しを全社チェックして、銘柄を絞り込むという方が多くいます。その際は【絶好調】【飛躍】【最高益】などの銘柄をピックアップするのだとか。みなさんも、見出しを上手に活用して、会社の変身を先取りしてください。

08 「業績欄」で質のチェックを忘れずに！

増益、黒字が継続的なものなのか、減益、赤字が将来復活する兆しなのか、企業業績の機微を読み取ろう。

業績予想は内容の吟味が重要

　『四季報』の「業績欄」では、進行中の決算期、ないしは翌期の業績予想の根拠を説明しています。

　そこには、①主要セグメントごとの売上高、営業利益の状況、②販売費・一般管理費などコスト要因の増減に伴う営業利益の変化、③利息・配当金収入、為替差損益の増減などに伴う経常利益の変化、④有価証券や土地売却損益などの増減に伴う純利益の変化、⑤配当の増減などを、重要性に応じてまとめています。

　いずれも、その会社の前期実績に対して、あるいは前号の『四季報』の見方に対して、どのような変化が見られるのか、という視点から分析しています。なお、『四季報』は連結決算ベースを基本にしていますので、連結決算を実施している会社は、グループ全体での業績動向を評価の対象としています。

　会社分析をする上で、業績予想の内容を吟味することは重要です。**単に「増益」といっても、その会社の事業セグメントのどの事業、どの商品が牽引役なのかによって今後の成長性は違ってきます。**主要セ

グメントではない事業が伸びて業績を押し上げているとすれば、一過性の好調で終わってしまう可能性もあります。売上高が伸びず、人件費削減や拠点統廃合など合理化によって利益を絞り出す減量経営を続けていれば、縮小均衡に陥ってしまうおそれもあるでしょう。

　過去最高の純利益を更新した場合、『四季報』では「業績欄」の見出しや本文記事で【最高益】【更新】などと強調します。ただ、ここでも"質"は重要で、土地売却益の計上など一過性の要因による最高益更新であれば、「業績欄」で強調はしません。

何が赤字の原因なのか

　赤字の症状は赤字が発生した段階に応じて違います。**売上総利益の段階で赤字の会社があれば、相当深刻です。**売上総利益は基本的には販売費・一般管理費を控除していない、もっとも初期的な利益ですから、この段階で赤字の会社があれば、いわゆる原価割れの状況であり、業態転換を実施するぐらいのかなり思い切った手を打たなければなりません。

　営業利益が赤字の場合も深刻です。営業利益は会社の財務体質などを考慮しない「会社の真の実力」を表しますので、これが赤字ということは、ビジネスモデルが限界を迎え、"稼ぐ力"が衰えてしまっているのかもしれません。

　営業利益は黒字で経常利益が赤字であれば、営業外費用が重荷になっていると考えられます。営業外費用の代表的なものは、借入金などにかかる支払利息や、為替の変動に伴う為替差損、持分法投資損失などです。

　借入金が多いのであれば金利上昇などは懸念材料です。為替差損が大きいのであれば、為替変動の影響を受けやすいことに注意する必要があると判断できます。持分法投資損益が赤字になっているのであれ

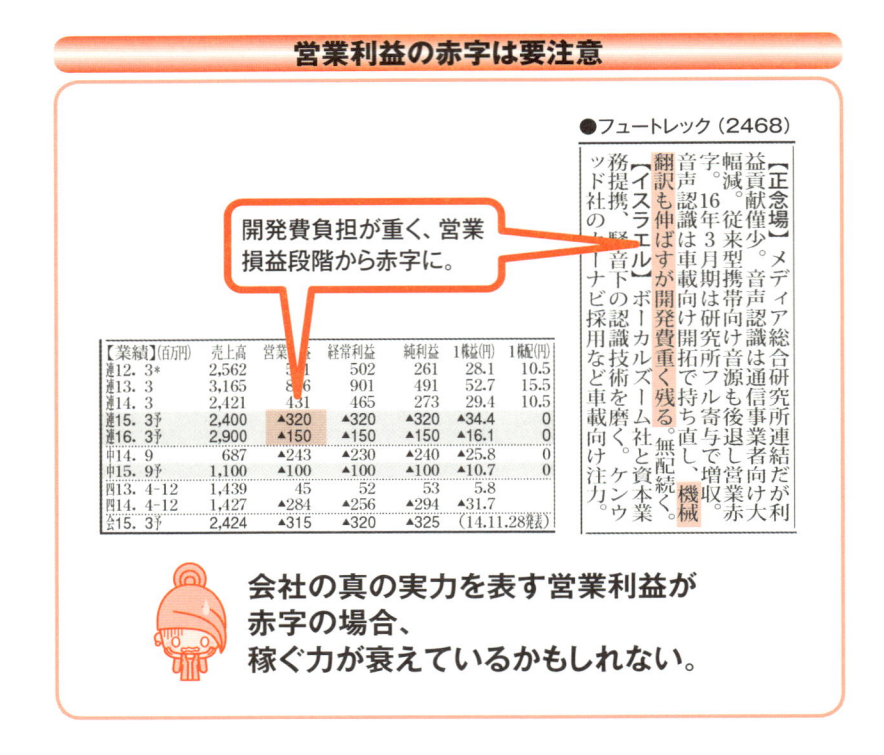

営業利益の赤字は要注意

●フュートレック（2468）

開発費負担が重く、営業損益段階から赤字に。

【業績】（百万円）／売上高／営業利益／経常利益／純利益／1株（円）／1株（円）

【業績】(百万円)	売上高	営業利益	経常利益	純利益	1株(円)	1株(円)
連12. 3*	2,562	541	502	261	28.1	10.5
連13. 3	3,165	876	901	491	52.7	15.5
連14. 3	2,421	431	465	273	29.4	10.5
連15. 3予	2,400	▲320	▲320	▲320	▲34.4	0
連16. 3予	2,900	▲150	▲150	▲150	▲16.1	0
中14. 9	687	▲243	▲230	▲240	▲25.8	0
中15. 9予	1,100	▲100	▲100	▲100	▲10.7	0
四13. 4-12	1,439	45	52	53	5.8	
四14. 4-12	1,427	▲284	▲256	▲294	▲31.7	
会15. 3予	2,424	▲315	▲320	▲325	(14.11.28発表)	

【正念場】メディア総合研究所連結だが貢献僅少。音声認識は従来型携帯向け音源で後退、車載向け研究所持ち直し、営業増収営業赤字幅16年3月期は車載向け開拓でフル寄与し、機械翻訳も伸ばすが開発費重く残る【イスラエル】ボーカルズーム社と資本業務提携、堅下の認識技術をナビ採用など車載向け注力。音声認識はケンウッド社のー。

会社の真の実力を表す営業利益が
赤字の場合、
稼ぐ力が衰えているかもしれない。

ば、関連会社が問題会社化していないか、点検すべきです。それぞれ会社が、財務体質強化や為替対策、グループ会社再建に対して、どういう施策を講じるかが、焦点になっていることがわかります。

「赤字」や「減益」もすべてが悪いわけではない

　赤字の会社でも、すべての赤字が悪いというわけではありません。純利益が赤字の場合、仮にその赤字が過去の膿を一気に出したようなものであれば、逆に将来の損益にはプラスに働きます。

　たとえば、減損会計の適用に伴う赤字がこれに当たります。減損会計の適用は、目先の収益にはマイナスに響きますが、減損会計を適用した資産の簿価は切り下がります。そのため、その資産の減価償却費

将来の損益にプラスに働く赤字もある

●帝人（3401）

> 15年3月期は純利益が赤字に陥るが、業績欄の記事を見ると、構造改革特損のためとわかる。

【最終黒字】油価下落でPC樹脂の利幅改善。アラミド、炭素繊維も新興国向け伸長。営業益上振れ。16年3月期。国内拠点集約、メディカル事業てこ入れ。【再編・痛風薬国内権利ポリエステルフィルム宇都宮岡山市技術生産と統合。20ー素材技術目標に。】は米国在宅医療厳しい。構造改革特損と税率下げ影響。炭素繊維牽引。50出資集約。100億円。

【業績】(百万円)	売上高	営業利益	経常利益	純利益	1株益(円)	1株配(円)
連12. 3	854,370	34,044	34,283	11,779	12.2	6
連13. 3	745,712	12,357	9,786	▲29,130	▲29.6	4
連14. 3	784,424	18,078	19,887	8,356	8.5	4
連15. 3予	780,000	32,000	33,500	▲18,000	▲18.3	4
連16. 3予	790,000	40,000	40,000	22,000	22.4	4
中14. 9	377,399	12,127	14,042	▲22,346	▲22.7	2
中15. 9予	380,000	15,000	15,000	9,000	9.2	2
四14. 4-12	578,216	9,678	12,710	5,023	5.1	
四15. 4-12	578,450	24,568	28,961	▲14,424	▲14.7	
会15. 3予	780,000	32,000	33,500	▲18,000	(15.2.3発表)	

前向きな減益の場合、近々黒字に転換する可能性がある！

は減少し、仮に資産を売却する場合も、売却損益は改善に向かうことがわかります。

　ほかにも、含み損を抱えた土地や投資有価証券を売却して売却損を出した場合などは、将来の損失要因を早めに処理して貸借対照表のスリム化を進めたという意味で、前向きにとらえることができます。

　減益の場合も、先行投資の積極化に伴う、減価償却費の増加などを要因とした前向きな減益もあれば、抜本的な再建の手立てがなくダウントレンドが続いているケースもあります。

　こうした変化まで読み込んでおけば、近々黒字に転換するような復活企業を、いち早く把握することが可能になります。『四季報』の「業績欄」を使って、ぜひ企業業績の内容を吟味してください。

第 5 章

将来性のある会社は
どう探す？

01 「材料欄」で成長力を先読みする

ここをチェック!

「材料欄」に書かれている中長期の見通しのポイントなどをチェックすれば、会社の成長力を判断できる。

成長に不可欠な設備投資と研究開発

『四季報』の記事の右部分は「業績欄」と呼び、原則、業績見通しについて詳述しています。一方、**左部分は「材料欄」と呼び、中長期的な業績や経営に影響を及ぼすポイント、その時々の株式市場や業界で話題となっているテーマなど**について記述しています。

「材料欄」の内容は多岐に及びます。代表的なものは、設備投資や中期計画の詳細、資金調達やその使途、M&Aや新製品の開発・投入状況や経営課題、組織変更の内容から、自己株買い・消却といった株式市場の需給に影響を与える内容などがあります。

製造業や小売業の場合、設備投資は中長期的な成長に非常に重要です。メーカーにとっては、販売中の製品ラインアップだけでは時代の流れとともに陳腐化が避けられない上、価格競争に巻き込まれるリスクも高くなります。**将来の成長には、新たな付加価値のある製品の開発や投入が欠かせません。そのため、設備投資や後述する研究開発が必要になります。**

「材料欄」では、たとえばメーカーが工場を新設するのであれば、

新中期計画のポイントを簡潔に解説

中期的な収益目標とともに海外拡充や買収事業強化、設備投資拡大など、今後の方向性や積極姿勢が明らかに！

「材料欄」をチェックすれば、会社の成長力を判断できる。

【最高益】12カ月決算復帰。光学用水溶性フィルムが好伸。ポバールフィルムも原料ナフサ安が収益押し上げ。一部値下げでも黒字定着。デュポン関連で特別損失吸収。配当上積みの余地。17年度1株買収した。

【新中計】高付加価値品拡大へ。海外比率7割へ。デュポン関連事業は20年頃シナジー100億円。利益163円。設備投資は3年で2000億円計画。

●クラレ（3405）

　いつ、どこで、何を生産し、どの程度の規模（年間生産量や年商）を目指すのか、また投資額などを詳述しています。

　小売業は外食も含め、今後の店舗戦略などが大きなポイントです。原則として、**今期の出退店や改装、業態転換などは「業績欄」で記述し、中長期的な店舗戦略を「材料欄」で取り上げます**。小売業の成長の源泉は出店と既存店売上高の底上げです。出店は当然として、既存店の売上高の拡大には商品やメニューの刷新に加え、改装や業態転換なども欠かせません。記載内容は、いかなる業態（新業態を含む）を、どのエリアや立地で、将来的に何店舗新設・改装するか（業態転換、退店を含む）といったものになります。

　設備投資と同様に、研究開発費も重要です。いずれも過去1期の実績と今期の計画額は【指標等】に記載されるため、内容や重点分野、その期待値や中長期的な収益貢献性を「材料欄」に記載します。特に

製薬会社やハイテク企業など新製品の開発競争が激しい業界では、研究開発の動向は会社分析に必須といえます。

中期経営計画の重要部分をチェック

　また、**上場会社の多くは、2～5年の期間の中期経営計画を公表し、株式市場に自社の成長シナリオを示しています**。経営計画は、新たに東証で導入されたコーポレートガバナンス・コードでも策定が求められています。ここには収益目標に加え、海外売上比率や成長のエンジンと期待する事業・製品、中期的な株主への還元策、ROEや財務目標などが掲げられることが多く、「材料欄」に中期計画で重要と思われる部分を記載しています。

　新しい中期計画が未発表で策定段階だとしても、取材を通じ、次期の中期計画で会社側が何を経営課題と考え、いかなる施策を軸にするか、取材した上で重要だと判断すれば記載します。たとえば、『四季報』2015年春号では、LCC（格安航空会社）のスターフライヤー（9206）の「材料欄」に「合理化計画終了（14年度末）後の新中計は、機材繰り効率化など利益率改善が中心」と記述しています。こうした**新しい中期計画の方向性を示す内容は、今後の成長性を判断する上で貴重な情報**です。

　会社が公表する中期経営計画には、努力目標的な数字が打ち出され、達成が至難なものも含まれます。そうした場合は、「○年度年商○○億円目標に過大感」「要努力」といった記者の評価を加えています。また、鳥越製粉（2009）のように「【新中計】17年12月期で売上高235億円、経常益16.5億円目指す。ミックス粉など付加価値製品の開発、販路拡大が達成のカギ」と、一定の前提条件を記載することもあります。

大型買収の狙いを解説

買収の目的や規模を明らかにするとともに、資金調達や年間ののれん償却額を書き込み、中長期的な業績寄与を明確化！

M&Aの動向にも注目しよう！

【最高益】欧州、東南アジア足踏み。国内は輸送量増勢だが、値上げ進まず増益幅縮小。16年3月期は買収でも利益寄与少。国内から北米の輸送活発。欧州改善、値上げ半歩前進、割安航空活用も効く。訴訟特損消える。

【買収】相互補完狙い6月シンガポール倉庫物流会社（年商1900億円弱、純益50億円強）を1400億円で。資金の大半は借入金で、のれんは20年で毎期60億円弱償却。

●近鉄エクスプレス（9375）

M&Aの動向を見極める

　もう1つ、見逃せないのが、M&Aの動向です。昨今、**国内市場の成長力低下から国際的な企業・事業の買収が活発に行われています。**

　「材料欄」では、M&Aの狙いや今後予想されるシナジー、またTOB（株式公開買付）など現金による買収の場合には、買収金額やその資金調達の手法についても記載することがあります。また、発生するのれんが大きい際は、その総額や償却年数について触れることがあり、中期的な収益への影響を推し量ることができます。

　M&Aは成功事例ばかりでなく、最近はむしろ失敗事例も目立ちます。M&Aを評価する場合には、「材料欄」を参考に、買収金額が高いか安いか、収益へのインパクトを見極めましょう。

02 「材料欄」は、この表現に注目!

「材料欄」の見出しをヒントに記事をチェックすれば、中長期的なプラス要因とリスク要因が判断できる。

プラスの影響が期待できる見出し

　『四季報』の「材料欄」は、中長期的に当該会社の収益に影響を与える要素を記述していることが多くあります。では、そのプラス、マイナスの影響はどう読み取ればよいのでしょうか。

　大きなヒントが見出しにあります。たとえば、【新分野】【新事業】【新販路】【新機軸】【開発】【増強】【新工場】【新拠点】【新設】【買収】【出店】【新業態】【種まき】【攻勢】【投入】【還元】などは、**会社の積極的な経営姿勢を示す代表的な例です。株式投資を判断する上でも、プラスの影響を期待できる見出しです。**

　また、【スマホ】【LINE】【アプリ】【介護】【カジノ】など、株式市場で注目される今後の有望市場や有望商品が見出しになっている会社も期待大といえるでしょう。

　最近では、アジアや新興国の経済成長と日本企業の進出を背景に、【中国】【アジア】【新興国】【タイ】【ベトナム】といった見出しも多く見られます。ただし、海外展開の状況は会社ごとにまちまちであり、それぞれの状況を確認する必要があります。

「材料欄」は見出しに注目！

有望市場のスマホ関連銘柄は中長期的な成長期待が大！ 他にもLINE、アプリ、介護、カジノ、マイナンバーなどの見出しも注目。ただし、本当に成長のプラス材料なのか、記事内容もチェックが必要。

スマホ関連は裾野が広く、製造業だけでなく修理やサービスの分野では異業種の恩恵も大！

【増益基調】HDD部材は外付けHDD、ノートPC向けに数量が想定超の増加。眼鏡レンズも欧州新規開拓実現に稼ぐ。伸び鈍化でも連続増益。5月期までの750万株、300億円を上限に自己株買いを実施。【スマホ】光学3倍ズームのスマホ用レンズを3月から量産開始。月期の新規開拓効果が着実に稼ぐ。眼鏡レンズの欧州新規開拓も一巡。ただ眼鏡レンズ16年3柱材の固定費削減、眼鏡レン3柱

●HOYA（7741）

　株式市場で、特定の材料を理由に株価がハヤされる材料株には、強引な連想買いや「風が吹けば桶屋が儲かる」のたとえにも及ばないものもあります。こうした場合は、一時的に株価が上昇しても成長のプラス材料とはいえず、短期間で反落することがあります。

　そこで、**見出しとともに「材料欄」の記事を読み、見出しに書かれた内容がどの程度、期待できるのか判断することが肝要です。**

　「材料欄」では、中長期的な影響について、担当記者が冷静な評価を行っています。たとえば、2015年春号の理想科学工業（6413）の「【邁進】研究開発費は70億円規模の投資継続。低価格機等に対抗すべく新商品の開発に邁進」という記述は、見出し、記事ともに勢いを感じさせます。設備投資額が営業利益に匹敵することもあり、大きな焦点であることがわかります。

　また、『四季報』の前号と比べて「材料欄」の内容にあまり変化がな

い会社も見受けられます。内容も、合理化・更新投資やあまり期待の持てない新商品などの場合、業績推移を見ると、ほぼ縮小均衡に陥っているというケースが多く見られます。こうした会社は施策に乏しく成長余力が少ないと見て間違いないでしょう。

リスク情報をチェック

　一方、上場会社の中には、債務超過や資金繰りが厳しく上場廃止や経営破綻の可能性がある会社もあります。また民事訴訟の被告となり、訴訟の動向次第で巨額の賠償金が発生して、中長期的に収益へ大きな影響を与えかねないケースがあります。

　『四季報』では、こうしたケースを「材料欄」でリスク情報として提示しています。たとえば、決算短信などに「継続企業の前提に関する注記」や「継続企業の前提に関する重要事象等」が記載された会社、また上場廃止の猶予期間に入った会社は、文中で触れるとともに、記載された直後の号では、**見出しでも【疑義】【重要事象】【猶予期間】などと厳しい状況にある点を指摘しています**（業容が改善し、注記や猶予期間から外れた場合も記述します。これは好材料になります）。

　15年春号では、債務超過状態にあるピクセラ（6731）について、「【赤信号】第1四半期末も若干の債務超過。9月末までに解消なければ上場廃止へ」「継続前提に疑義注記」などと記述しています。訴訟に関しても住石ホールディングス（1514）では、「【争う】交渉が決裂、元従業員等から13億円強のじん肺損害賠償訴訟の提起受ける」と、請求額を記述しています。

「材料欄」の事前警鐘に注目

　個人の方が長期投資を前提に、「材料欄」にリスク情報の記載された株式へ投資されることはあまりお勧めできません。**短期のサヤ取り**

材料欄のリスク情報をチェック！

事実上の経営破綻直前の『四季報』15年新春号では手元資金の急減について警鐘を鳴らしていた。

疑義注記など、リスク情報が記載された株式への投資は控えよう。

【大赤字】主要路線への中型機導入に遅れ。機材・整備費が想定以上に膨張、3月期は不採算路線撤退、値上げ進め均衡圏まで改善。A380解約特損織り込まず。16年3月期はさらに改善。【現預金】9月末45億円と僅少。10月、シミュレーター等18億円で売却。今期末までにさらに30億～40億円の資産売却進める。羽田発着便中心にJALとの共同運行を年内メドに検討。疑義注記。元資金確保へ。

●スカイマーク（9204）
2015年新春号

狙いの買いが多く、マネーゲーム的色彩が強まっているためです。

　それでは、実際に破綻した会社が『四季報』にどう記述されていたか見てみましょう。

　2015年1月に民事再生法を適用申請し、経営破綻、上場廃止となったスカイマーク（9204）は直前の15年新春号の「材料欄」で、「【現預金】9月末45億円と僅少」「疑義注記」などと記述され、手元資金の減少などについて、事前に警鐘を鳴らしていました。

　新規投資の判断に加え、持ち株を手仕舞うときも、ぜひ『四季報』の「材料欄」を参考にしてください。

03 長期投資なら、この数字に注目!

ここをチェック!

設備投資、減価償却、研究開発、この3つの数字をチェックすれば、中長期的な成長力を判断できる。

会社の姿勢が見える指標

　成長する会社は、絶えず新しい事業分野への進出や新商品の開発に取り組んでいます。トヨタ自動車（7203）の年間の設備投資、研究開発費はいずれも1兆円前後に及んでいます。『四季報』では【指標等】で、設備投資、減価償却費、研究開発費について、直近決算期の実績と進行決算期の計画の金額を記載しています。

　設備投資とは、工場設備や営業拠点などの建物、店舗など有形固定資産への投資額と商標権や特許、ソフトウエアなど無形固定資産への投資額の合計です。設備投資の金額算出には、決定ベース、支払いベースなどがありますが、『四季報』は工事ベースで、年間の工事実施額を記載しています。

　減価償却とは、有形固定資産や無形固定資産の取得原価をその耐用年数にわたり一定の方法で配分し、費用化したものです。減価償却の方法は、毎期、均等額を償却する定額法と、資産額に対して毎期、均等率で償却を行う定率法があり、会社が選択することができます。トータルの償却額に変わりはありませんが、定率法の場合、投資した

第5章　将来性のある会社はどう探す？

会社の成長性はここをチェック！

【株式】¼ 3,643,642千株
軒 1000株　【貸借】
時価総額　8,161億円　225
【財務】〈連14.12〉百万円
総資産　　2,273,799
自己資本　　732,175
自己資本比率　　32.2%
資本金　　250,930
利益剰余金　370,171
有利子負債　734,618
【指標等】〈連14.3〉
ROE　11.9%　予10.0%
ROA　3.1%　予3.2%
調整1株益　　一円
最高純益(07.3) 109,668
設備投資 1,014億 予1,250億
減価償却　829億 予900億
研究開発　284億 予309億
【キャッシュフロー】億円
営業CF　1,942（　454）
投資CF　▲621（▲1,235）
財務CF　▲1,385（1,276）
現金同等物　1,709（1,620）

製造業にとって工場新設は設備投資の典型で、中長期的な成長に欠かせない要素。「材料欄」では、製造品目の分野や時期、投資額などを詳述している。

【続伸】建機の好調が収益を牽引。営業増益。鉄鋼は数量最高原価低下。販価下落を吸収。営業益続伸。増配余地。
【証券】売却益底支え。在庫評価縮減。16年3月期は建機や機械の有利子負債圧縮をこなす。鉄鋼も営業益続伸。
【堅調】合理化効果で鉄鋼の販売益確保。営業益続伸。
【種まき】成長分野の機械は、買収や提携など強化策を地に発電所を増設し21年度から稼働入り。検討。17年に神戸製鉄所の高炉休止。産機械は、米国に建機工場新設。

●神戸製鋼所（5406）

当初の償却額が大きく出て、中盤以降の負担が少ないという特徴があります。現状では定額法が主流といえるでしょう。

攻める会社は設備投資が減価償却を上回る

　減価償却費は期間利益に対してはマイナスの影響を与えます。しかし、大半の場合、過去に設備投資を行った時点で支払いが終わっているため、実際の支払いを伴うものではありません。このため、財務上はフリーキャッシュフローの一部と見なされ、今後の設備投資に向けた資金留保と考えられます。

　設備投資が減価償却を上回っている会社は、事業拡大意欲が旺盛な会社と考えられます。過去に比べて大きく水準が上昇している場合には、会社の攻めの姿勢が見て取れます。また減価償却を超過する額は手元資金で充当するか、借入金や社債など負債による調達、あるいは増資など市場から資金を直接調達する必要があり、どうやって資金を

会社の攻める姿勢はここをチェック！

```
【株式】⅟₁ 223,544千株
単位 100株      【貸借】
時価総額 7,477億円
【財務】〈連14.12〉 百万円
総資産     472,926
自己資本    334,856
自己資本比率   70.8%
資本金      47,869
利益剰余金   216,164
有利子負債    46,054
【指標等】〈連14.3〉
ROE    11.5% 予12.1%
ROA     7.1% 予 8.6%
調整1株益      一円
最高純益(07.3) 34,072
設備投資 410億 予534億
減価償却 115億 予143億
研究開発 194億 予204億
【キャッシュフロー】 億円
営業CF   546( 261)
投資CF  ▲611(▲154)
財務CF   241(▲154)
現金同等物  689( 498)
```

設備投資が減価償却費の金額を大きく上回るのは会社の積極的姿勢の表れ。ただし、投資を回収できるか、過剰投資にならないかの見極めも必要。

【連続最高益】自動車用プラグ、センサーが牽引し営業増益こなす。独禁関連特損減。市販用プラグが新興国でやや弱いが高付加価値化進む。センサー好調パッケージも赤字縮小。最高純益を連続更新。【工場】国内は70億円で、愛知・小牧に既存国内生産に部品工場新設。16年3月操業後に。4月にタイで絶縁体工場稼働。半導体製造装置部品会社を73億円で買収。

●日本特殊陶業（5334）

捻出するかも注目です。

逆に、下回っている会社は事業拡大に慎重な姿勢と見られます。投資内容も、機械設備の更新や合理化投資程度と考えられ、今後の成長がスローダウンする可能性があります。

業種によって重要度が異なる

研究開発費は、今後の中長期的な商品や技術を開発するための先行投資です。『四季報』では、研究、開発、試験のための人件費、原材料費、設備装置購入費などの合計を記載しています。

設備投資や研究開発費は、業種やビジネスモデルで重要度に濃淡があります。 たとえば、金融業、保険業、証券業では重要性が低いことから『四季報』は記載していません。また小売業、卸売業、不動産業、鉄道を含む陸運業などは研究開発がゼロの会社が大半です。一方、売上高に占める研究開発費は製薬会社の水準が高く、設備投資も素材

研究開発費は先行投資

【株式】⅓₁	34,838千株
戦日 1000株	【貸借】
時価額	104億円
【財務】〈単14.12〉	百万円
総資産	19,022
自己資本	14,054
自己資本比率	73.9%
資本金	3,395
利益剰余金	7,123
有利子負債	1,048
【指標等】	〈単14.3〉
ROE	6.4% 予0.7%
ROA	4.2% 予0.5%
調整1株益	一円
最高純益(14.3)	844
設備投資	1,554 予 489
減価償却	706 予 779
研究開発	926 予1,180
【キャッシュフロー】	百万円
営業CF	1,629(1,199)
投資CF	▲941(69)
財務CF	▲239(▲199)
現金同等	3,387(2,939)

研究開発費は増減と売上高に占める比率もポイント。わかもと製薬の研究開発費は売上高に匹敵。増加の理由を「材料欄」で確認して、中長期的に期待を持てるかをチェックしよう。

【増益】「強力わかもと」好調、増産によって原価低減が想定超。営業益は前号均衡圏に。16年3月期は新製品の投入もなく医療用眼科薬停滞。賃貸資産稼働も上乗せ。営業増益。「わかもと」は訪日外国人の土産需要旺盛。【眼科薬】手術補助剤は16年度後半に3効能追加取得目指す。後発薬の投入も継続。医家向けサプリメントを数品目開発中。

●わかもと製薬(4512)

メーカーなどの資本集約的な装置産業では目立った増強・新設投資がなくとも更新・合理化投資だけで数千億円にのぼるケースがあります。

「材料欄」の記事もチェック

　設備投資や研究開発費は、会社の成長に欠かせないものですが、投資判断を誤ると業績低迷が続くことにもなりかねません。1980年代後半から1990年代前半に、日本企業は意欲的な設備投資を行いましたが、その後の需要低迷により過剰設備が大きな問題になりました。

　新たな工場が稼働しても、物が売れず稼働率が低いままで、逆に年間の減価償却負担や資金調達による金利負担が収益に重くのしかかりました。最近では、液晶テレビを製造する亀山工場に巨額投資を行い、経営危機に見舞われたシャープ(6753)が顕著な例でしょう。

　設備投資や研究開発費の判断には、投資金額以上の資金を回収できる投資かどうか、が重要になってきます。

04 増資で大切なのは資金の使い道

ここをチェック！

【資本異動】【株式】【株主】【材料欄】【特色】【連結事業】コード 社名
【格付】【財務】【役員】【連結】
【業績】【配当】【本社】【証券】

増資を行うと株価が下がるケースが多い。なぜ資金が必要なのか、何に使われるのかを確認しよう。

増資を行う2つの目的

　増資とは、取締役会の決議に基づき、資本金を増加させることです。主に、不特定多数を対象にした公募増資や大株主を対象にした第三者割当増資、優先株の発行があります。

　いずれも新株発行を伴うもので、会社法の規定では、資本金だけでなく資本準備金を増加させることも可能です。広い意味では、将来的に新株発行となりうる新株予約権や転換社債型新株予約権付社債なども含めて考えていいでしょう。

　増資の目的は、主として2つあります。**1つは、旺盛な資金需要を外部調達でまかなうためです。**

　2つめは財務内容の改善で、純資産の増加や負債の返済を目的としたものです。財務改善には、自己資本がゼロ圏の会社や債務超過の会社が上場廃止基準抵触を回避するためのケースがあり、時価よりも低い価格で株式を割り当てる第三者割当増資などが見られます。また自己資本規制のある金融機関が業容を拡大させるためのケースなどがあります。

資金調達の内容をチェック

年月【資本異動】		株数
13. 4	分1→2	624
15. 1	公105万株	729
	(1085円)	
15. 2	三者14万株	743
	(OA)	

東証	高値	安値
05～12	483000⑸	609⑿
13	1077⑶	422⑹
14	1326⑿	596⑴

	高値	安値	出来株
14.12	1326	880	105
15. 1	**1385**	1027	147
#2	1099	1030	38

資金調達の内容、金額と使途を記述。成長力や株価見通しを占う一助にしよう。

【最高益】カット野菜は顧客開拓で数量一部指定。野菜相場安が原価低減に追い風。16年3月期はカット野菜ミレス向け3工場稼働で続伸。在庫・人件費抑制も効く。償却増。増益小幅。

【資金調達】公募増資・第三者割当増資で約12億円調達。カット野菜の生産工場増強へ。新規3工場フル稼働すれば、投資に充当、供給不足解消上高340億円規模に。

●デリカフーズ（3392）

増資の目的は、資金需要が旺盛で外部から資金を調達することと、純資産を増加させること！

増資の使途が株価を左右する

　増資は、新株発行によって株式需給の悪化や1株利益の希薄化を招くために、その後の株価が下落することが多くあります。

　そこで注目されるのが、増資で得た手取り資金（調達資金から手数料を減算）の使途です。**単なる自己資本の嵩上げのためではなく、手取り資金をどれだけ成長性の高い事業に投じるかがカギといえます。**使途については、『四季報』の「材料欄」で記述・検証しています。会社側が示した、使途や増資による成長シナリオが納得できるものであれば、株価は下がらず、会社の利益も成長していくことになるでしょう。

　増資がプラス評価になる使途としては、成長事業への設備投資や研究開発費、有望会社のM&A、小売・外食産業であれば出店・改装費用に充当するのが一般的でしょう。増資の際は、「材料欄」の記事を参考に、なぜ資金が必要で何に使われるのかを確認しましょう。

05 キャッシュフローを読みこなす

ここをチェック！

営業CF、投資CF、財務CFの増減を組み合わせると、よい会社と悪い会社を見分けられる。

おカネの出入りを確認する

　企業活動の最大の目的は利益を上げることです。ただ、決算期末で区切ってみると、会社が計上した利益と実際に獲得したおカネは一致しません。

　その理由は大きく3点あります。**第1に、会計上の損益認識とおカネの出入りが同一でないことによるものです。**たとえば、売上高は計上したものの、代金が入金されていないため、貸借対照表では受取手形や売掛金としてとどまっている状況がこれに当たります。また、減価償却費のようなおカネの流出を伴わない費用が発生して利益が目減りすることもあります。

　第2に、入金が実現したものの、そのおカネをより一層の利益実現のために、他の固定資産へ投資している場合です。土地や建物・設備ばかりでなく、M&Aなどに際して増加する投資有価証券なども含みます。

　第3に、利益と関係なく、おカネが増減するケースです。たとえば、借入金を増やせばおカネは増加しますし、返済すればおカネは減少し

財務三表の関係

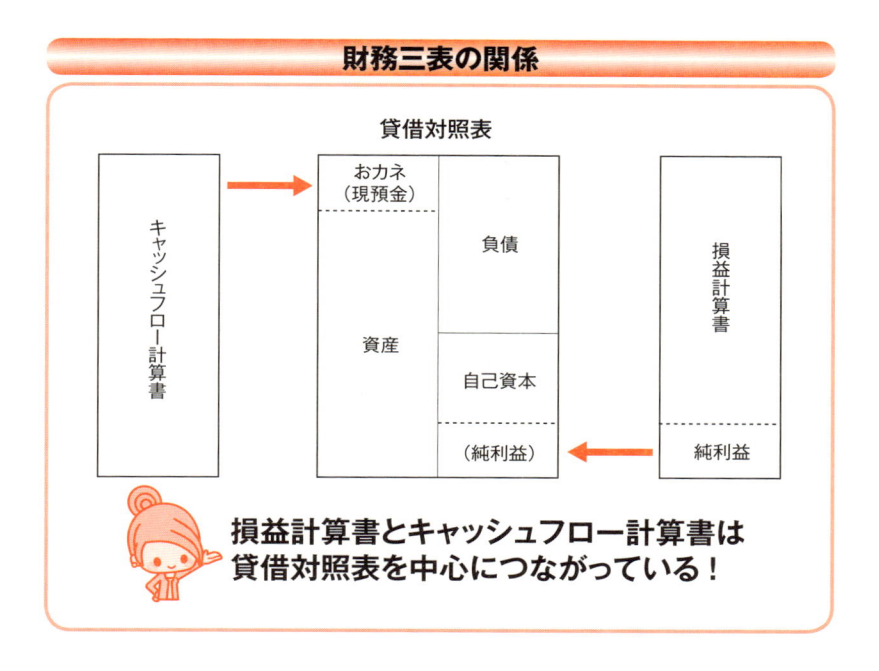

貸借対照表

- おカネ（現預金）
- 資産
- 負債
- 自己資本
- （純利益）

キャッシュフロー計算書 → おカネ（現預金）

純利益 → （純利益）

損益計算書とキャッシュフロー計算書は貸借対照表を中心につながっている！

ます。借入金の増減は利益とは関係なく動きます。

　おカネの出入りを確認することは、会社分析に際して非常に重要です。会計上、利益が出ていても、資金繰りが逼迫すれば、黒字倒産といった危険もあるからです。

　キャッシュフロー計算書（CF）は、貸借対照表（BS）、損益計算書（PL）と合わせて財務三表と呼ばれます。この三表はそれぞれ別個に存在するわけではありません。**この三表の関係は、貸借対照表を中心にして説明できます。**

　貸借対照表に記載される自己資本は、配当などを除いた、その年度の純利益分だけ増加します。その純利益がどう生み出されたかを表すのが、損益計算書です。同時に貸借対照表で注目すべきは、左上に記載されるおカネ（現金および預金）です。そのおカネがどのように増減したかを説明するのが、キャッシュフロー計算書なのです。

3つのキャッシュフロー

　キャッシュフロー計算書は、本業の営業活動で稼いだおカネ（営業CF）を、投資に回し（投資CF）、その過不足を財務で調整する（財務CF）という構成になっています。

　『四季報』の【キャッシュフロー】では、直近2期分の営業、投資、財務の各CFと、その結果、期末時点で手元に残った現金および預金、3カ月以内の短期投資から構成される現金同等物の残高を掲載しています。**これらの数値は個別に見るのではなく、それぞれの大小関係や、過去の推移なども見て、多面的に評価することが重要です。**

　営業CFは、本業の営業活動を通じて獲得したおカネの増減です。営業CFがプラスであれば、本業でおカネを獲得できており、それを原資に設備投資や債務の返済も可能だと判断できます。逆にマイナスの場合は、本業でおカネを失ってしまうことを意味し、このままでは事業の継続は困難です。

　営業CFがマイナスの会社については、その要因を把握しておくことが肝心です。ここで損益計算書の営業損益が赤字であれば、理由は本業の不振ということで明白です。これに対して、利益を出しているにもかかわらず、営業CFが赤字に陥るケースもあります。その要因としては、売掛金の回収停滞や在庫膨張などが考えられ、よい状況とはいえません。

　成長途上の会社などでは売上高の拡大に伴って売上債権が急増し、一時的にやむを得ず営業CFがマイナスになることがあります。ただ、どういう理由であれ、営業CFのマイナスが続いている場合は注意が必要です。

　投資CFは、おカネを投資にどのように使ったか、あるいは逆に投資からどのようにおカネを回収したかを表します。成長企業であれ

3つのCFはここでチェック

本業で稼ぎ出した営業CFを原資に、設備投資と借入金の返済を続けていることがわかる。

3つのCFは大小関係や過去の推移など、多面的にチェックしよう！

【指標等】　〈連14.3〉
ROE　　30.4%　予26.5%
ROA　　10.9%　予12.2%
調整1株益　　　　―円
最高純益(14.3)　206,616
設備投資　685億　予1,200億
減価償却　549億　予　660億
研究開発　601億　予　840億
【キャッシュフロー】　億円
営業CF　3,130 (1,667)
投資CF　▲339 (▲713)
財務CF　▲630 (▲607)
現金同等物　5,578 (3,289)

●富士重工業 (7270)

ば、投資を続けなければなりませんから投資CFはマイナスが続きます。一方、成熟企業などで、資産の売却代金のほうが多くなれば、投資CFはプラスになります。投資先としては固定資産、有価証券、貸付金などが挙げられます。

堅実な経営を指向する会社は、投資CFを営業CFの範囲内に抑えます。この枠内で投資していれば、外部からの資金調達は不要ですから、財務体質は悪化しません。ですが、投資CFが営業CFを超えれば、財務CFを通じて資金を調達しなければなりません。

営業活動や投資活動の結果、おカネの余剰や不足が生じます。それを調整するのが財務CFです。財務CFは、有利子負債による資金調達と、増資による資金調達などがありますが、たとえば借入金を増やせばおカネは増加しますし、借入金を返済すればおカネは減少することになります。

よい会社と悪い会社の見分け方

注目点は、まず営業CFで十分なおカネを生み出せているか、そし

3つのCFの組み合わせ

営業CF/投資CF/財務CF

＋／＋／＋	営業活動で現金を稼いでいる上、固定資産を売却。一方で借入金を増やしている。これだけ現金を集めていると、将来、大きな資金需要の発生する計画があると考えられる。
＋／＋／−	営業活動と固定資産売却で得た現金を借入金返済に使っている。財務改善を行っている会社だと推測できる。
＋／−／＋	営業活動はプラスで、借入金と合わせて固定資産に投資している。設備投資を積極的に行っている。戦略が明確な優良企業のパターン。
＋／−／−	営業活動はプラスで、固定資産に投資しつつ、借入金の返済も行っている。将来への投資と財務改善を同時に行っていると判断できる。
−／＋／＋	営業活動で現金を得られず、固定資産売却や借入金でしのいでいる。問題企業の一般的なパターン。
−／＋／−	営業活動で現金を得られず、固定資産売却で得た現金で借入金を返済している。過去の蓄積を切り売りしている状態。
−／−／＋	営業活動で現金を得られないため、借入金で固定資産を増やしている。積極性は買うが財務バランスは悪化する。
−／−／−	営業活動はマイナスだが、固定資産の投資を行い、借入金は返済している。過去に多くの現金の蓄積があったようだが、手元流動性は低下する。

　て投資CFによる投資戦略と、財務CFによる余剰・不足資金の調整方法です。3つのCFのプラス・マイナスの組み合わせは、表のように8通り考えられます。

　さらに、『四季報』の【キャッシュフロー】【財務】【業績】を組み合わせると、収益性や安全性の分析ができます。営業CFを売上高で割った数値が営業CFマージンで、売上高に対して、どれだけ営業CFを生み出せているかがわかります。また、営業CFを有利子負債で割るとキャッシュフロー比率を求められます。有利子負債を営業CFでどれだけカバーできているかがわかり、この比率が高ければ債務返済能力が高いと判断できます。

06 会社再編の動きに注意する

【業績】と【資本異動】を合わせて読めば、株価についての判断が深まり、今後のその会社の展開を予想できる。

株数の増減をチェックしよう！

　株価は会社の1株当たりの価値を表します。会社の価値が同じなら、**株数の増減が株価を大きく左右します**。つまり、株価を見るには、株数を把握しておくことが必要なのです。その株数の動きがわかるのが、『四季報』の左上にある【資本異動】です。

　会社が株数を増減させる方法はさまざまです。資金調達を目的として特定の第三者に株式を発行するのが、第三者割当増資（【資本異動】では「三者」と表記）です。

　また、不特定多数の投資家に対し、時価で新株を発行する増資が公募増資（同「公」と表記）です。新規上場時に行われる資金調達手段としても一般的です。

　優先株式を発行する会社もあります（同「優」と表記）。優先株式とは配当金や残余財産の分配において、普通株式よりも優先して受け取ることができる種類株式です。**会社の業績が悪化して普通株は無配となる場合でも、優先株は優先的に配当を受け取ることができます。**

　反面、優先株は議決権などで制約を受けるケースが多く、経営不振

株数の動きをチェック！

年月	【資本異動】	株
13. 4	分1→100	111
13. 7	分1→4	446
14. 9	分1→3	1,421
14.12	公200株 (2352円)	1,621

名証	高値	安値
07～12	215000(07)	13290(09)
13	285000(13)	865(9)
14	4190(8)	1236(9)

	高値	安値	出来株
14.12	**3000**	**1700**	278
15. 1	2369	2100	99
#2	2315	1901	36

増資の記号の横に新株発行数、カッコ内に募集価格（発行価格）を記載。

調達資金の使途は「材料欄」などで確認しよう！

【連続最高益】底地販売は企業年金の引き合い旺盛、自社組成ファンドへの売却伸長。REIT向け売却も進む。利益急伸。3月期サブリースや自社ファンドやREIT向け自社ファンド等も堅調。最高純益更新。増配。【資金調達】公募増資で約44億円調達。余資、仙台、福岡に仕入れを一段拡大へ。手薄の地方都市の開拓も進める。コスト低減。最高純益更新。増配余地に加。え入20万人以上の地方都市の開拓も進める。

●日本商業開発（3252）

に陥った際の資本増強策として発行される例が見られます。議決権がなければ会社の経営権には影響がないためで、経営が改善すると、優先株を償還して配当額を抑える傾向があります。議決権のある優先株の場合、増資引受先が実質的な支配株主になるケースもあります。

株式発行しなくても株数が増減

　資金調達は伴いませんが、1株当たりの株価を下げて流動性を高めることを目的に株数を増やすのが株式分割（同「分」と表記）です。

　最近は、内部留保による株主還元策として配当だけでなく、自己株買いを行う会社も増えています。配当として現金を株主へ支払う代わりに、市場に出回っている株式を購入するのです。自己株式を買い入れて消却し株数を減らす（同「消却」と表記）と、1株当たり利益を高める効果があります。

　【資本異動】の右端には、増資や株式分割、自己株消却などを受け

た、発行済み株式数の変化を記載しています。

　このほか合併や株式交換、株式移転など、会社再編に伴う株数の変化も掲載しています。株式交換は会社を買収する際、買収先の株式と自社の株式を交換すること、株式移転は持株会社を設立して、その傘下に入り、株主には設立した持株会社の株式を交付することです。

【業績】と【資本異動】を合わせて読む

　株数の変化は【業績】の1株当たり利益に影響を与えます。株価を1株当たり利益で割ったPERを見るときなどは、【資本異動】を合わせて読むことが大切です。

　【業績】では、合併や株式交換により、売上高や利益が急拡大することが多くあります。ある会社の売上高が突然大きく増えていたときなどは、【資本異動】を見てみましょう。「合併」や「交換」とあれば、合併や買収による拡大だとわかります。

　こうした場合には、**利益が大きく増えていても、1株当たり利益はほとんど変わらないといったことが起こります**。たとえば、1億円の当期純利益の会社の株数が1万株であれば、1株当たり利益は1万円です。その会社が買収により2億円の当期利益になったとしても、株数が2万株に増えていれば、1株当たり利益は1万円のままということになります。買収による1株当たり利益の見通しに変化がなければ、株価的には中立要因と判断すべきということになるのです。

　このように【資本異動】と【業績】を合わせて見ることで、株価についての分析力は一層深まります。

　また、【資本異動】を見ていると、**株式交換を頻繁に行う会社、合併を繰り返す会社、定期的に株式分割を繰り返す会社**などがわかります。こうした情報から、その会社のM＆Aに対する姿勢や、株主に対する考え方などを推測することができるのです。

第 **6** 章

株価を
動かすのは何？

01 外国人、機関投資家に人気の銘柄は？

ここをチェック！

【資本異動】	【株式】	【株主】	【材料欄】	コード 【特色】 【連結事業】 【業績欄】	社名
【格付】	【財務】	【役員】 【連結】			
【業績】		【配当】	【本社】 【証券】		

【株主】を見れば、外国人や機関投資家が注目する国際優良株、長期安定株がわかる。先回り買いも可能。

外国人の持株比率は初めて3割超に

　日本の株式市場では株式の持ち合いが1990年代後半に大きく崩れ、代わって外国人投資家の持株比率が増えました。現状、**日本の株式市場における外国人投資家の持株比率は3割を上回り、売買代金に占めるシェアは6割を超えています。**

　そのため、日本の株式市場は、外国人投資家の分析なしに先行きを見通せません。外国人投資家とは、外国国籍の個人投資家や、外国の法律により設立された法人を指しますが、ヘッジファンドなど短期売買を主体とする投資家から、欧米の年金基金や投資信託など長期運用を柱とする投資家まで、その顔触れは多彩です。オイルマネーを扱う産油国や、中国政府系の投資ファンドなどを含めて巨額の資金を擁する投資家が多いため、その動向は大きな影響を与えます。

　外国人投資家は株式市場での流動性を重視するため、株式時価総額の大きい主力株が買われやすいという特徴を持っています。グローバルな観点から経済や会社の変化に着目して投資する傾向も強く、外国人持株比率が上昇する会社は、国際優良株として注目されます。

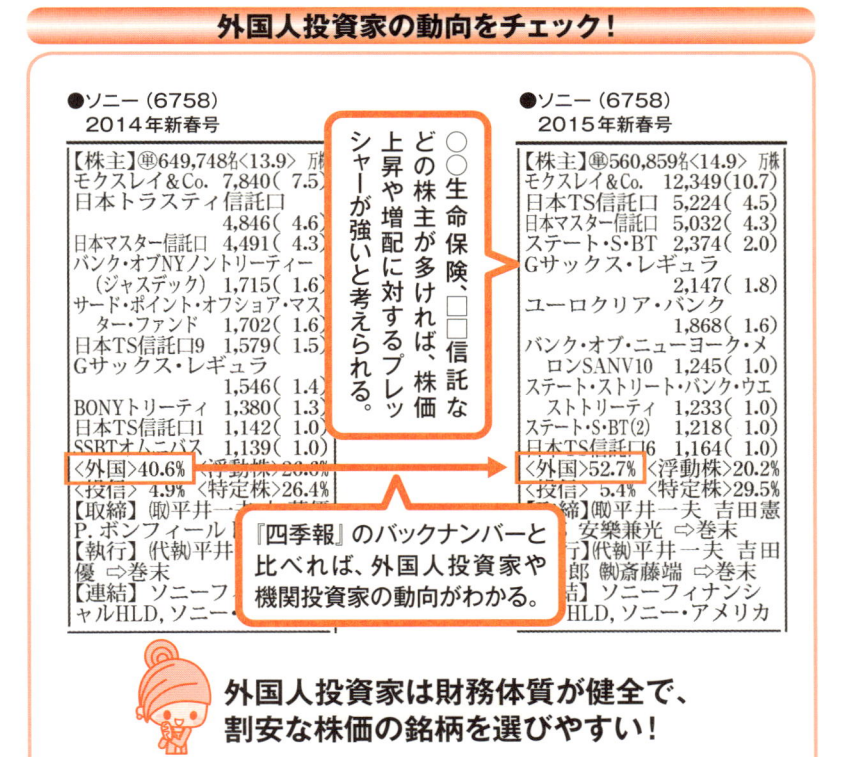

外国人投資家の動向をチェック！

●ソニー（6758）
2014年新春号

【株主】㈱649,748名〈13.9〉万株
モクスレイ&Co. 7,840(7.5)
日本トラスティ信託口
　　　　　　　4,846(4.6)
日本マスター信託口 4,491(4.3)
バンク・オブNYノントリーティー
　（ジャスデック）1,715(1.6)
サード・ポイント・オフショア・マス
　ター・ファンド　1,702(1.6)
日本TS信託口9　1,579(1.5)
Gサックス・レギュラ
　　　　　　　1,546(1.4)
BONYトリーティ　1,380(1.3)
日本TS信託口1　1,142(1.0)
SSBTオムニバス　1,139(1.0)
〈外国〉40.6%　〈浮動株〉…
〈投信〉 4.9%　〈特定株〉26.4%
【取締】㈹平井一夫…
P. ボンフィール…
【執行】（代執）平井…
　優　⇨巻末
【連結】ソニーフィナンシ
　ャルHLD, ソニー…

●ソニー（6758）
2015年新春号

【株主】㈱560,859名〈14.9〉万株
モクスレイ&Co. 12,349(10.7)
日本TS信託口　 5,224(4.5)
日本マスター信託口 5,032(4.3)
ステート・S・BT　2,374(2.0)
Gサックス・レギュラ
　　　　　　　2,147(1.8)
ユーロクリア・バンク
　　　　　　　1,868(1.6)
バンク・オブ・ニューヨーク・メ
　ロンSANV10　1,245(1.0)
ステート・ストリート・バンク・ウエ
　ストトリーティ　1,233(1.0)
ステート・S・BT(2) 1,218(1.0)
日本TS信託口6　1,164(1.0)
〈外国〉52.7%　〈浮動株〉20.2%
〈投信〉 5.4%　〈特定株〉29.5%
【取締】㈹平井一夫 吉田憲…
　　　　　　　安樂兼光 ⇨巻末
【代執】㈹平井一夫 吉田…
　郎 ㈹斎藤端 ⇨巻末
【連結】ソニーフィナンシ
　ャルHLD, ソニー・アメリカ

○○生命保険、□□信託な
どの株主が多ければ、株価
上昇や増配に対するプレッ
シャーが強いと考えられる。

『四季報』のバックナンバーと
比べれば、外国人投資家や
機関投資家の動向がわかる。

**外国人投資家は財務体質が健全で、
割安な株価の銘柄を選びやすい！**

バックナンバーも使って動向を分析する

　『四季報』は【株主】に〈外国〉として、外国人投資家の持株数が発行済み株式数に占める比率（外国人持株比率）を掲載しています。中間期と決算期末でデータを更新しますが、**この数字が増えている会社は、外国人投資家の間で存在感が高まっている会社**だといえます。

　『四季報』2015年新春号の外国人持株比率を、1年前と比べると、ソニー（6758）の復活がわかります。ソニーの外国人持株比率は07年3月末に52.6%に達した後、業績悪化を受け、30%台へ低下して

いましたが、構造改革の進展を反映して14年9月末は52.7%と過去最高を更新しました。スマートフォンや車載向けデバイス、ゲーム、映画・音楽事業の牽引による収益回復見通しも好感されています。

GPIF改革で機関投資家に脚光

　注意すべき第2の存在は機関投資家です。機関投資家は、一般的には銀行や生命保険会社、損害保険会社、投資信託、年金信託など、個人などから集めた資金を分散投資する投資家を指します。日本の株式市場の売買代金に占めるシェアは1割を下回っていますが、GPIF（年金積立金管理運用独立行政法人）が日本株の買い増しに動いていることなどから、存在感を増しています。

　機関投資家は、専門家として安全かつ長期で高利回りを確保するよう運用すべき責務を負っています。そのため、**中長期投資に向け安定的な会社を見つけたいときは、機関投資家の動きが参考になります。**

中小型株の先回り買いも可能!

　機関投資家が保有している株式の状況は【株主】で確認できます。株主の上位に『○○生命保険』『□□信託銀行信託口』などの表記が並んでいる会社は、機関投資家が投資していると判断できます。【株主】の〈投信〉には発行済み株式数に占める投資信託の持株比率を掲載しています。機関投資家の運用先として投資信託が占める比率は、まだ高くありませんが、増加傾向にあります。この比率の高い会社は機関投資家が好みやすい会社と考えてよいでしょう。

　中小型株の中には、業績が拡大している会社でも、まだ外国人投資家や機関投資家がフォローしきれていない会社が多く残されています。『四季報』で、**外国人や投信の持株比率が、まだ1ケタ台にとどまっている成長企業を発掘できれば、先回り買いも可能です。**

02 紙版『四季報』だけの強力な武器

前号比修正矢印と😊マークを見れば、前号からの変化や会社計画との違いが一目瞭然。

『四季報』の強力な2つの武器

　『四季報』を使って有望銘柄を発掘する際、強力な武器になるマークに「前号比修正矢印」と「😊（会社比強気）マーク」があります。

　どちらも銘柄ページの欄外、偶数ページでは社名の右、奇数ページでは株価欄の左に掲載しているマークです。『四季報』を使い慣れた投資家の中には、まず、この2つのマークを使って有望銘柄をピックアップするという方もいます。

四季報予想の変化がわかる!

　株式市場は、突然の「サプライズ」に反応しやすいという特性を持っています。業績予想が上方修正される「増額」、下方修正される「減額」は、どちらもサプライズを起こしやすいので、まず前号比修正矢印を見れば、『四季報』の前号と今号を比べて、どの会社の業績予想が増額・減額されているか、ひと目でわかります。

　具体的には、直近の営業利益予想を前号と今号で比較して、何％変化したかを⬆の違いで表しています。変化率が30％以上の増額は

四季報予想の変化をチェック

今号の営業利益予想が前号に比べてどう変わったかが一目瞭然！

●2015年新春号

【業績】(百万)	売上高	営業利益	経常利益	純利益	1株益(円)	1株配(円)	配当性向
連10. 3	46,774	3,011	3,301	1,101	29.4	12	13. 3	6
連11. 3	45,975	3,825	4,154	1,020	27.3	12	13. 9	6
連12. 3	47,362	3,329	3,215	1,339	37.0	12	14. 3	6
連13. 3	61,205	2,278	2,900	1,472	41.3	12	14. 9	6
連14. 3	65,663	1,766	1,905	783	22.0	12	15. 3	6
連15. 3予	76,000	3,100	3,000	1,500	42.0	12	16. 3予	6
連16. 3予	82,000	3,500	3,500	1,750	49.0	12		
連14. 9	35,139	1,361	2,015	1,100	30.8	6	予想配当利回り	1.55%
連15. 9予	38,000	1,900	1,900	1,300	36.4	6	(予14. 9)	
連15. 3予	76,000	3,000	3,100	4,500	(14.11.27発)	899.0 (880.5)		

●2014年秋号

【業績】(百万)	売上高	営業利益	経常利益	純利益	1株益(円)	1株配(円)	
連12. 3	47,362	3,329	3,215	1,339	37.0	12	12. 3
連13. 3	61,205	2,278	2,900	1,472	41.3	12	12. 9
連14. 3	65,663	1,766	1,905	783	22.0	12	13. 3
連15. 3予	76,000	2,900	3,000	1,500	42.0	12	13. 9
連16. 3予	82,000	3,500	3,500	1,750	49.0	12	14. 3
連13. 9	28,885	415	552	290	8.2	6	14. 9予	15. 3予
連14. 9	35,000	1,300	1,400	700	19.6	6		
連13. 4-6	14,348	474	827	660	18.5		予想配当利回り	1.94%
連14. 4-6	16,357	648	895	477	13.4		(予14. 9)	
連15. 3予	76,000	2,600	2,600	1,300	(14.5.2発)	882.0 (880.5)		

●2015年新春号

【電気機器】
6644 大崎電気工業 おおさきでんきこうぎょう

〈特色〉電力量計で国内首位。売上高の40%連結事業。計測制御機器(38)・不動産(3)・海外(29)

増額幅拡大 FPD装置の量産本格化で工場稼働率上昇。計販売が続伸。16.3期は急需要メーター急増で研究開発負担増こなし大幅増益。海外も中国生産体制構築し関西電力向けスマートメーター、海外の電力マーケットも拡大。東京電力向け次期スマートメーター需要で効率化、本格生産体制。国内外で急拡大。

〈本社〉141-8646品川区東五反田2-10-2 〈連結事業〉(従業員)単1345名(平均41.9歳)年収607万円 【設立】1937.1 【上場】1962.1

→ 前号比増額

増額マークが続いている会社は業績が勢いづいていると判断できる。

「⬆⬆大幅増額」、5％以上30％未満の増額もしくは損益ゼロからの黒字転換は「⬆前号比増額」、5％未満の増減額は「➡前号並み」、5％以上の減額もしくは損益ゼロからの赤字転落は「⬇前号比減額」、30％以上の減額は「⬇⬇大幅減額」をつけています。営業利益を予想していない銀行や証券会社などは経常利益予想を比べています。

　業績予想が減益見通しから一転して増益予想となった場合は「ポジティブ・サプライズ」として、しばしば株価上昇につながります。一方、増益予想から減益予想へ見通しが変化したときや、たとえ増益であることは変わらなくても増益幅が縮小した場合は「ネガティブ・サプライズ」として売り材料になります。

　バックナンバーを組み合わせれば、もっと長い期間にわたる変化の推移がわかります。営業利益の絶対額が小さい会社は、変化率が大きく出やすいので、業績予想数字と記事のチェックは必要ですが、「⬆⬆大幅増額」「⬆前号比増額」の会社から読み始めるようにすれば、

銘柄選びのスピードはグンとアップします。

たとえば、電力量計で国内首位の大崎電気工業（6644）は、『四季報』2015年新春号で「⬆前号比増額」マークがついていました。これは営業利益が14年秋号に比べ増額されたことを表しています。確かに14年秋号発売後、会社計画はスマートメーターの本格貢献を受け、上方修正されています。

『四季報』独自予想で先手を打つ

『四季報』の最大の武器は、何より、業績予想が東洋経済の「独自予想」であることです。毎号、担当記者は会社や業界を取材し、中立的な立場から予想数字を見直しています。そのため、**会社が公表している業績計画と『四季報』の業績予想は必ずしも一致しません。**「会社計画は慎重すぎて、いずれ上方修正は必至」だと記者が判断すれば、会社が実際に業績修正を行う前でも、『四季報』は先行して業績予想を上方修正します。前号比修正矢印の下に掲載されている😊マークを見れば、そうした会社がすぐわかるのです。

😊マークは、直近の営業利益について、四季報予想が会社計画より30％以上上振れしているときは「😊😊大幅強気」、3％以上30％未満上振れしているときや、ゼロ予想を黒字予想に修正しているときは「😊会社比強気」のマークをつけています。

業績が変われば、割安度も変わる

逆に30％以上下振れしているときは「☹☹大幅弱気」、3％以上30％未満下振れしているときや、ゼロ予想を赤字予想に修正しているときは「☹会社比弱気」と表示しています。なお、会社計画に対して上下3％の違いに収まっている場合は、「ほぼ変わらない」と判断して、無印にしています。

四季報予想と会社計画の違いをチェック

今号の四季報予想が会社計画に対して強気か弱気かがわかる！

米久は四季報発売から1カ月足らずで営業利益を従来予想の37億円から47億円へ、純利益を同27億円から36億円へ上方修正した。

●2015年新春号

　四季報予想が会社発表を先取りするケースは、多くあります。実は先ほど例に挙げた大崎電気工業も、『四季報』14年秋号の予想は会社計画より増額され、「☺会社比強気」のマークがついていました。つまり、会社計画の上方修正を先取りしていたのです。

　業務用食肉加工大手の米久（2290）は、15年新春号で「⬆⬆⬆大幅増額」に加え「☺会社比強気」マークがついていました。実は、14年秋号には「⬆⬆⬆大幅増額」マークがついて、会社計画は上方修正されていましたが、15年新春号発売後、再び上方修正されました。そして15年春号でも「⬆前号比増額」と「☺会社比強気」マークがついていて、業績が勢いを増していることがわかったのです。

　逆に、紙おむつや生理用ナプキンなどの衛生用品製造機で国内首位の瑞光（6279）は、15年新春号では「⬇前号比減額」「☹会社比弱気」と予想、つまり会社計画は再減額の懸念があると想定していました。そして、15年新春号発売後、下方修正が発表されました。

2つのマークの読み方

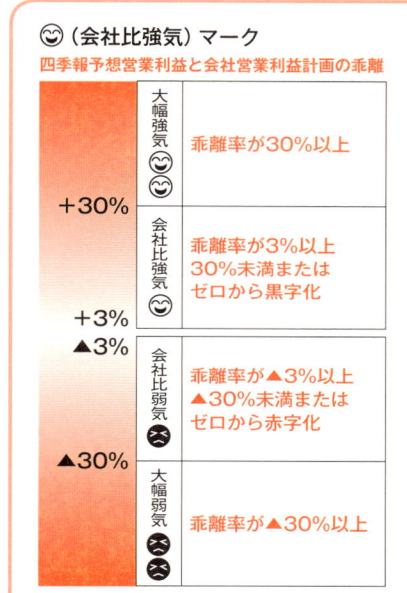

☺（会社比強気）マーク
四季報予想営業利益と会社営業利益計画の乖離

+30%	大幅強気 ☺☺	乖離率が30%以上
+3%	会社比強気 ☺	乖離率が3%以上30%未満またはゼロから黒字化
▲3%	会社比弱気 ☹	乖離率が▲3%以上▲30%未満またはゼロから赤字化
▲30%	大幅弱気 ☹☹	乖離率が▲30%以上

前号比修正矢印
前号からの四季報予想営業利益の修正率

+30%	大幅増額 ⬆⬆	30%以上の増額
+5%	増額 ⬆	5%以上30%未満の増額またはゼロから黒字
-5%	前号並み ➡	5%未満の増額・減額
-30%	減額 ⬇	5%以上30%未満の減額またはゼロから赤字
	大幅減額 ⬇⬇	30%以上の減額

前号からの変化は業績変化記号、会社予想との違いは☺マークでわかる！

　株価が上昇してしまって、PERなどの株価指標を見ると、すでに割高感が出てしまっている銘柄でも、**今後、業績予想が上方修正されて、予想1株益が増加するとなれば、株価指標から見て、まだ上昇余地が生じるというケースは多くあります。**

　前号からの変化は「前号比修正矢印」で、会社計画との違いは「☺マーク」でわかります。この2つのマークは紙版『四季報』だけのオリジナル特典です。米久のように「⬆⬆大幅増額」「⬆前号比増額」と「☺☺大幅強気」「☺会社比強気」マークの両方がついている会社は、お宝銘柄候補だといえます。

03 四半期決算で業績修正を先取りする

決算ごとに、実績と、通期計画の進捗率をチェックすれば、業績計画の上方修正・下方修正を先取りすることができる。

すべての四半期決算を掲載

　全上場会社は2003年4月以降に始まった事業年度から、四半期決算の開示を義務づけられています。『四季報』は1936年の創刊時から年4回発売しており、四半期決算時代に先行していたといえます。

　現在の『四季報』は、【業績】に本決算と第2四半期決算(中間決算)に加え、直近で第1・3四半期決算が発表されている際は、前年同期の四半期決算と合わせ2期分の実績を掲載しています。四半期決算を使いこなして、**会社が発表している年間の業績計画と、途中経過の進捗状況を比べるようにすれば、会社計画の上方修正や下方修正を先取りすることができます**。

業態ごとの季節変動要因は要注意

　たとえば、電線中堅のカナレ電気(5819)の14年12月期は、期の前半に業績計画が上方修正された後も好調に推移していました。第3四半期までの営業利益累計は、会社の通期計画に対し、86.5%を達成し、過去3期平均の進捗率72.4%を大きく超えていました。その

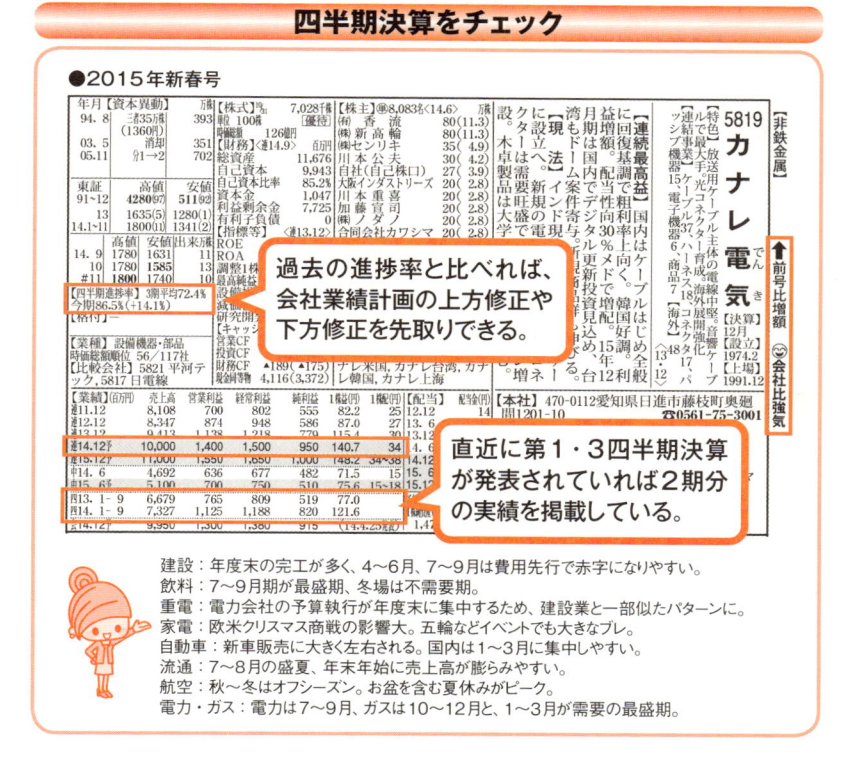

四半期決算をチェック

●2015年新春号

[四季報紙面:5819 カナレ電気 の掲載例]

- 過去の進捗率と比べれば、会社業績計画の上方修正や下方修正を先取りできる。
- 直近に第1・3四半期決算が発表されていれば2期分の実績を掲載している。

- 建設：年度末の完工が多く、4〜6月、7〜9月は費用先行で赤字になりやすい。
- 飲料：7〜9月期が最盛期、冬場は不需要期。
- 重電：電力会社の予算執行が年度末に集中するため、建設業と一部似たパターンに。
- 家電：欧米クリスマス商戦の影響大。五輪などイベントでも大きなブレ。
- 自動車：新車販売に大きく左右される。国内は1〜3月に集中しやすい。
- 流通：7〜8月の盛夏、年末年始に売上高が膨らみやすい。
- 航空：秋〜冬はオフシーズン。お盆を含む夏休みがピーク。
- 電力・ガス：電力は7〜9月、ガスは10〜12月と、1〜3月が需要の最盛期。

ため、『四季報』15年新春号は上方修正を予想し、実際に、その後に発表された会社計画の上振れを先取りできました。

四半期決算を活用する際、忘れてならない点は、業態によって季節的な変動要因が大きい会社があるということです。たとえば航空業界の第3・4四半期はオフシーズンに入るため、第1・2四半期に比べて利益が出にくいという特徴があります。建設業は、完工（＝売上高計上）が年度末に集中し、第1四半期は赤字になりやすいことも、押さえておく必要があります。

四半期決算は、業種や企業の商慣習などを知った上で、参考データとして活用すると有効です。

04 株主還元に積極的な会社は？

ここをチェック！

【配当】の増配、予想配当利回りを見れば、株式市場が低迷しても下落しにくい高配当利回りの会社を見つけられる。

16期連続増配企業はどこ？

　株主還元に前向きな会社を見つけるためのポイントは、いくつかあります。

　まずは、1株当たりの配当金を増やす「増配」です。従来、日本企業は「安定配当」を掲げ、利益が出ても配当より内部留保を優先する会社が多くありましたが、**業績に応じて増・減配する会社が増えています**。『四季報』では、取材で「増・減配の可能性がある」と判断した場合は、1株配当予想と【配当】で増・減配を予想しています。

　『四季報』2015年春号で、直近決算期まで増配を続けている会社を探すと、自動車用補修部品卸売会社のSPK（7466）と、中古車オークション運営首位のユー・エス・エス（4732）の16期連続増配など、業績が安定的に推移している会社を見つけられます。

　1株当たり純利益に対して配当金が占める比率を「配当性向」と呼びますが、SPKは配当性向50％を上限に、増配を続ける方針を掲げています。**株主還元に積極的な会社を選ぶのであれば、配当性向30％以上はクリアしたい水準です**。

11年以上連続して増配している会社

コード	社名	開始決算期	連続増配回数
4452	花王	1991年3月期	25
4732	ユー・エス・エス	1999年3月期	16
7466	SPK	1999年3月期	16
4668	明光ネットワークジャパン	1999年8月期	15
4967	小林製薬	2000年3月期	15
8593	三菱UFJリース	2000年3月期	15
8566	リコーリース	2001年3月期	14
2391	プラネット	2002年7月期	13
8227	しまむら	2002年2月期	13
9058	トランコム	2002年3月期	13
4521	科研製薬	2003年3月期	12
5947	リンナイ	2003年3月期	12
6869	シスメックス	2003年3月期	12
8424	芙蓉総合リース	2003年3月期	12
8439	東京センチュリーリース	2003年3月期	12
9433	KDDI	2003年3月期	12
9436	沖縄セルラー電話	2003年3月期	12
9989	サンドラッグ	2003年3月期	12
2659	サンエー	2004年2月期	11
3079	ディーブイエックス	2004年3月期	11
8425	興銀リース	2004年3月期	11
8876	リロ・ホールディング	2004年3月期	11
9376	ユーラシア旅行社	2003年9月期	11

（注）『四季報』2015年春号時点の直近決算期までの実績。花王は決算期変更を含む。

連続増配は会社の自信の表れ！

下落局面に強い高利回り株

　そして、予想配当金を株価で割って求める「予想配当利回り」も大切です。配当金を受け取る権利を獲得するには、権利確定日の3営業日前に当たる権利付き最終売買日に、株主である必要がありますが、低金利が続く中、15年春号では、予想配当利回りが3％以上の会社は226社、4％以上の会社は18社にのぼりました。

　高配当利回りの会社は、株式市場全体が下げに転じても、下落しにくい傾向があります。予想配当金が変わらず、株価だけが下がれば、

相対的に予想配当利回りが向上するためです。『四季報』では、配当金予想で幅があるときは、低いほうの額を株価で割って、予想配当利回りを計算しています。

　ただ、高配当利回り株への投資には、注意が必要です。高配当利回りの会社の株価は、配当を受け取りたいと考える人が多いため、権利付き最終売買日に向けて上昇基調を強め、その後は反落するケースがしばしば見られます。

　また、**一般的に配当利回りという場合、年間配当金の利回りを指すということも覚えておいてください。**決算期末にまとめて配当を実施する会社は、1回の配当で年間の利回りを獲得できますが、上期末と下期末の年2回に分けている会社も多くあります。また、スミダコーポレーション（6817）のように四半期決算ごとに配当を実施している会社もあります。『四季報』の【業績】は、配当予想を上期と下期でまとめて掲載していますが、【配当】を見れば、実際に受け取れる額や基準年月日がわかります。

増える総還元性向を設定する会社

　自社の株式を、利益剰余金などを使って買い戻し、消却する**自己株消却**も、株主還元策として注目を集めています。発行済み株式数を減らせば、1株当たりの資産価値を引き上げることにつながるためです。自己株買いも計算対象株数の圧縮につながります。利益剰余金を減らして自己資本を圧縮すれば、ROE（自己資本利益率）の改善にもつながります。

　アサヒグループホールディングス（2502）は15年12月期を最終年度とする中期経営計画で、純利益に占める、配当と自己株買いの合計額の比率を表す「総還元性向」を、50％以上に引き上げることを計画しています。『四季報』では、消却を伴う自己株買いは【資本異動】に

高配当利回り株のチェック項目

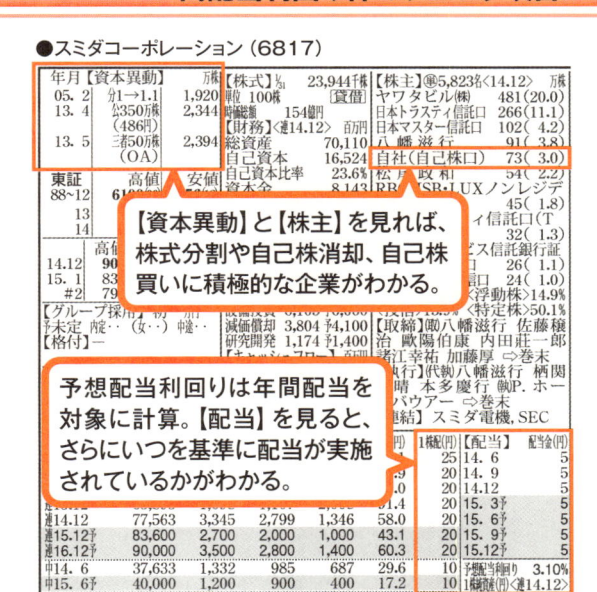

【資本異動】と【株主】を見れば、株式分割や自己株消却、自己株買いに積極的な企業がわかる。

予想配当利回りは年間配当を対象に計算。【配当】を見ると、さらにいつを基準に配当が実施されているかがわかる。

配当の実施回数が、年度末ではなく、上期・下期ごと、四半期決算ごとなど、会社によって異なるので注意しよう！

掲載しています。消却を伴わない自己株買いは、詳細については掲載していませんが、【株主】の自社（自己株口）の持株数の推移で、変化を把握することができます。

ユニ・チャーム（8113）が総還元性向の目安を50％以上に設定するなど、成長と資本効率改善の両立を目指す、バランス経営に舵を切る会社は増えています。

増配も、自己資本の拡大を抑える効果を持っています。**総還元性向の設定や増配などは、会社の将来に向けた自信を表す、強いメッセージ**だといえます。

05 相場テーマで連想力を磨こう

ここをチェック!

テーマ株が人気化したときには、関連会社の株価をチェックすれば、先回り買いのチャンスが増える。

人気テーマ株の関連会社の探し方

　株式市場では、相場テーマと呼ばれる"旬の話題"が、注目を集めます。時間の経過とともに次のテーマに移ったり、繰り返して注目を集めながら、相場の流れを作り出すのです。

　たとえば「ゲーム」も人気の高い相場テーマの1つですが、その代表格に任天堂（7974）が挙げられます。業績はしばらくスマホゲームに押され、停滞を強いられてきましたが、2015年3月にはディー・エヌ・エー（2432）との資本・業務提携を発表して、自らスマホゲームへ参入する決断を下し、人気を集めました。

　株式投資で大事なのは、この先です。**株式市場では"風が吹けば桶屋が儲かる"式の連想力が役立つのです。**

　『四季報』には【仕入先】と【販売先】で、各社の主要な取引先を掲載しています。15年春号の任天堂を見ると、【仕入先】にはゲーム機の組み立てを行うホシデン（6804）や、機構部品を手掛けるミツミ電機（6767）があることがわかります。逆にゲーム用ミドルウエア大手のシリコンスタジオ（3907）のページを見ると、主要販売先として任

第6章　株価を動かすのは何？

テーマ株は関連会社もチェック

株式市場は、風が吹けば桶屋が儲かる式の連想力が大切！

7974
任天堂
にんてんどう

【特色】ゲーム機ハード、ソフトで総合首位。エア高い。ドル建て資産多く期末為替で経常益変動
【連結事業】海外69
【決算】3月
【設立】1947.11
【上場】1962.1

〈14・3〉

【低水準】人気ソフト連打でWiiU盛り返すが、3DS販売が想定以下で黒字幅縮小。増配。16年3月期は欧米で3DS刷新効果出るが国内低調。ソフト比率増え採算改善。為替差益込まず純益後退。
【3DS】2月欧米で「Newニンテンドー3DS」発売。WiiUに続き3DSでも新製品のフィギュアと連動するゲームを推進。15年に販促目的のスマホアプリ投入。

【本社】601-8501京都市南区上鳥羽鉾立町11-1　☎075-662-9600
【支店】111-0053東京都台東区浅草橋5-21-5　☎03-5820-2251
【工場】宇治☎0774-21-3191
【従業員】〈14.9〉連5,221名 単2,023名(36.8歳)［年］868万円
【証券】上東京 幹(主)野村(副)日興、みずほ 名三井住友信 監京都
【銀行】京都、三菱U、りそな
【仕入先】ホシデン、ミツミ電機
【販売先】ジェスネット

> ヒット商品が出れば、関連企業も潤う。ジェスネットは任天堂製品を扱う卸会社。

天堂に加え、ディー・エヌ・エーもあることがわかります。

　さらに、各社の【特色】や記事を追っていくと、半導体開発分野では、メガチップス（6875）やディジタルメディアプロフェッショナル（3652）の任天堂向け販売比率が高いことがわかります。**人気テーマ株の株価が上昇する際は、しばしば関連会社の株も買われるケースが多く、各社の株価動向は今後、要注目です。**

　【比較会社】も、連想力を養うには有効です。ここには、当該会社と同業、または類似業種の上場会社の中から、株式時価総額などの規模が近い会社、営業地域が近い会社1～3社などを四季報編集部が選んで掲載しています。

「業績展望」で伸びる業種がわかる

　さらに「業種分類」を組み合わせると、連想力は高まります。『四季報』では、銘柄ページ欄外の【　】内に証券コード協議会による33業種分類を掲載しています。さらに欄内の【業種】には、より細分化した、東洋経済新報社独自の60分類を掲載しています。ここを見れば、同一業種に分類されている全企業数や株式時価総額の順位がわかります。

　たとえば、野村総合研究所（4307）の『四季報』15年春号の材料記事では、「マイナンバー管理業務の法人向けコンサル開始」について取り上げています。確かに、社会保障と税を一括管理する共通個人番号・マイナンバー制度は、大きな相場テーマです。

　同様に、市場が拡大する恩恵を受けやすい会社を見つけたいと思ったときは、まず証券コード協議会区分の【業種】が「情報・通信」の会社、さらに絞り込むには東洋経済独自の【業種】が「SI・ソフトウエア開発」の会社を探していくと便利です。

　野村総合研究所のページで【比較会社】も活用すれば、「SI・ソフトウエア開発」の株式時価総額1位のNTTデータ（9613）が、ライバル会社であることがわかります。

　株式市場では、トップ企業が人気化した後、業界全体の需要が盛り上がるような場合は、2番手、3番手企業の株価も上昇基調入りを期待できます。**テーマ株が人気化したときには、関連会社や2番手、3番手企業の株価までチェックするようにすれば、先回り買いのチャンスが増えます。**

　『四季報』では、巻頭特集で毎号、33業種別の業績数字を集計した「業種別業績展望」を掲載しています。これを見れば、今後、どの業界が収益を伸ばしそうか、把握することができます。来期に業績が伸

来期伸びそうな会社の見つけ方

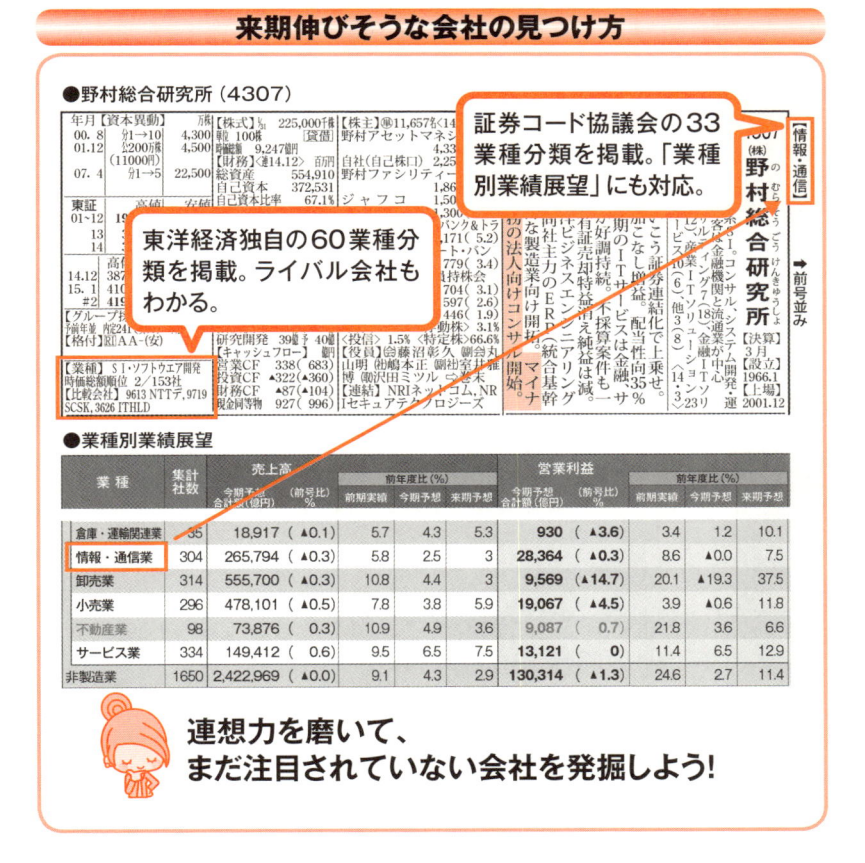

●野村総合研究所（4307）

> 証券コード協議会の33業種分類を掲載。「業種別業績展望」にも対応。

> 東洋経済独自の60業種分類を掲載。ライバル会社もわかる。

●業種別業績展望

業種	集計社数	売上高 今期予想合計(億円)	(前号比)%	前期実績	今期予想	来期予想	営業利益 今期予想合計(億円)	(前号比)%	前期実績	今期予想	来期予想
倉庫・運輸関連業	35	18,917	(▲0.1)	5.7	4.3	5.3	930	(▲3.6)	3.4	1.2	10.1
情報・通信業	304	265,794	(▲0.3)	5.8	2.5	3	28,364	(▲0.3)	8.6	▲0.0	7.5
卸売業	314	555,700	(▲0.3)	10.8	4.4	3	9,569	(▲14.7)	20.1	▲19.3	37.5
小売業	296	478,101	(▲0.5)	7.8	3.8	5.9	19,067	(▲4.5)	3.9	▲0.6	11.8
不動産業	98	73,876	(▲0.3)	10.9	4.9	3.6	9,087	(▲0.7)	18.6	3.6	6.6
サービス業	334	149,412	(0.6)	9.5	6.5	7.5	13,121	(0)	11.4	6.5	12.9
非製造業	1650	2,422,969	(▲0.0)	9.1	4.3	2.9	130,314	(▲1.3)	24.6	2.7	11.4

連想力を磨いて、まだ注目されていない会社を発掘しよう！

びそうな会社を見つけたいと思ったら、まずこの「業績展望」で業種を選んだ後、投資スタイルに応じて、時価総額の大きさや業績見通しなどを組み合わせていけば、会社を絞り込むことができるのです。

　ぜひ連想力を磨いて、まだ注目されていない会社の発掘にチャレンジしてください。

06 株価が割安か割高かを判断するPERとPBR

PERとPBRを過去の水準やライバル会社と比較すれば、買い時、売り時が見極められる。

利益から株価水準を評価するPER

　株価は、株式市場の会社に対する評価です。会社が将来に生み出すと予想される利益を、織り込んでいるともいえます。

　では、今の株価が割安か、割高か、どう判断すればいいでしょうか？ まず活用したい指標がPER（株価収益率）です。PERは株価を1株当たり純利益（EPS）で割って求めます。今期の予想純利益を使って計算すれば「今期予想PER」、来期の予想純利益を使えば「来期予想PER」を求められます。村上開明堂（7292）のように今期予想PERが6倍台ということは、今期利益の6年分を、株価は織り込んでいるといえます。

　一般的には、予想PERが15倍より低いと株価は割安、20倍を超えると割高だと判断します。10年単位で見れば、株価は利益の増減を反映して上昇、下落するといわれますが、すべての会社に共通して、目安に使えるような、PERの絶対的な水準はありません。市場が活況になれば、全体的にPERは高まりますし、景況感が悪化すればPERは低下します。

株価の割高、割安の判断指標

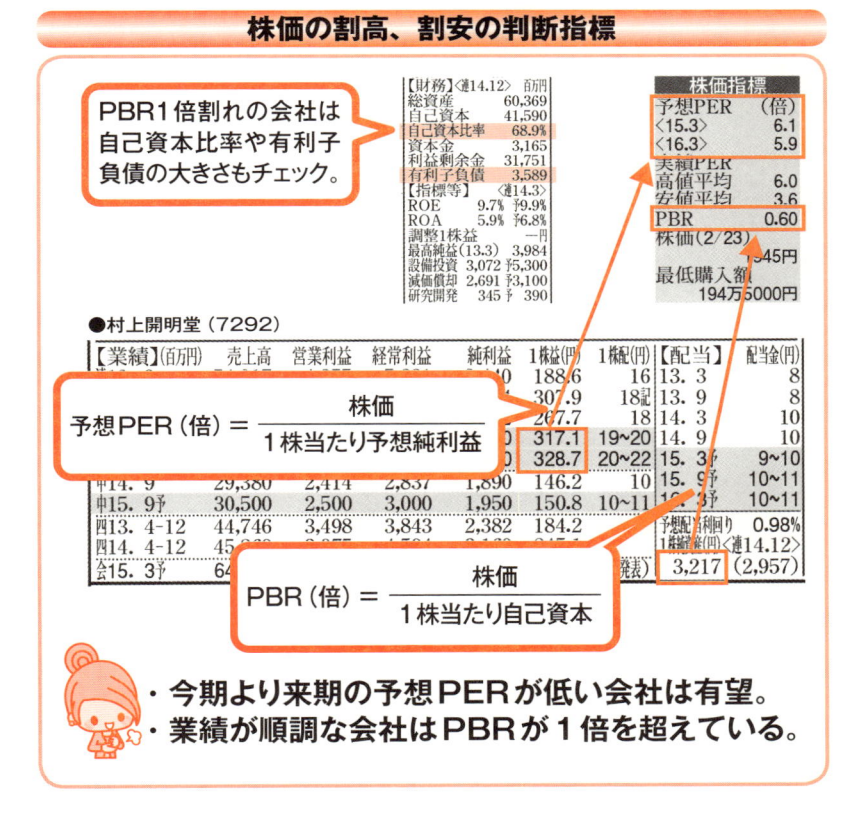

PBR1倍割れの会社は自己資本比率や有利子負債の大きさもチェック。

$$予想PER（倍）=\frac{株価}{1株当たり予想純利益}$$

$$PBR（倍）=\frac{株価}{1株当たり自己資本}$$

- 今期より来期の予想PERが低い会社は有望。
- 業績が順調な会社はPBRが1倍を超えている。

　株価は将来利益を見越して形成されますので、総じて高成長を期待されるハイテク企業などの成長企業や新興企業はPERが高くなりやすく、逆に成長期待が低い成熟企業のPERは、低くなります。そのため、**PERは業界平均やライバル会社と比較して使うと有効です。**

　『四季報』では、今のPERが過去と比べて、どう評価できるか、わかるように、実績PERの「高値平均」と「安値平均」を掲載しています。これは、過去3年間の決算期について、各決算期内の最高株価と最低株価を、各決算期の実績1株当たり純利益で割って最高PER、最低PERを出した後、それぞれ3年間の平均値を求めたものです。

今のPERを過去と比べて評価する

●サンワテクノス（8137）

```
株価指標
予想PER   （倍）
〈15.3〉     7.4
〈16.3〉     6.7
実績PER
高値平均     6.7
安値平均     4.3
PBR        0.84
株価（2/23）
          1206円
最低購入額
        12万600円
```

（左吹き出し）高値と安値のメドがわかるが、最高益を更新したり、全体の株価が上昇してくれば、PERの水準切り上げに期待できる。

（右吹き出し）実績PERは過去3決算期について、各決算期の最高値と最安値、実績1株益からPERを求め、平均値を算出。

予想PERが業界平均やライバル会社より割高に見えても、過去の実績と比べるとまだ過熱感がないケースもある。

　たとえば今のPERが「高値平均」に近づいていれば、過去の経験則から見て、そろそろ売り時かなといった準備ができます。仮に現在の予想PERが業界平均やライバル会社より割高に見えても、過去の実績から考えると、まだ過熱感はないというケースもあります。つまり、その会社の株価の特性がわかるのです。

貸借対照表と株価をつなぐPBR

　PERと並んで、株価水準を判断する指標に、PBR（株価純資産倍率）があります。**PERが期間利益を反映するのに対し、PBRは財務面から株価水準を判断します。**株価を、直近決算期末の1株当たり自己資本で割って求めます。

　会社の資産が貸借対照表（BS）に計上されている価値で売却でき、負債も記載されている以外はないとすれば、いざ、会社を解散すると

決まった場合、資産を売却して負債を返済した残額が株主に返還できる残余財産になります。その額に相当するのが自己資本です。自己資本を発行済み株式数で割った1株当たり自己資本は、BS上の解散価値を表していると考えられます。

PBRが1倍を超えていれば、会社は解散するより存続して将来利益を生み出すほうが有利だと、市場が判断しているといえます。逆にPBRの1倍割れは、会社が事業を継続するより、解散して財産を株主に分配したほうがよいと、市場が判断していると読み取ることができます。

業態などによって異なりますが、**業績が順調な会社は、PBRが1倍を超えているのが自然の姿です。株価が下落するときも、PBRが1倍の水準を、下値支持帯の目安と考えることができます。**

ただ、PBRが1倍割れの会社がすべて割安だとはいえません。たとえば、含み損があったり、決算が粉飾されていて、BS上の自己資本が、実態を反映していない場合などです。また、業績悪化で、自己資本の縮小が懸念される会社も要注意です。

業績や財務に不安がなく、市場で注目されていないなどの理由だけで、PBRが1倍を割り込んでいる会社の株価は、今後、キッカケがあれば、水準訂正高を期待しやすいといえます。また市場が、会社の経営陣が資産を効率運用できていないと判断しているようなときは、有効な打開策を打てれば、利益は好転し、株価も上昇するでしょう。

PBRが1倍割れの理由がどこにあるか、原因の見極めが大切です。

07 話題のROEを使って高収益企業を探す

> ここをチェック!

自己資本の効率性を測るROE、会社全体の収益性を見るROAを組み合わせれば、高収益企業の発掘もできる。

会社の収益力を測る指標

　投資家が最も注目すべき指標は、会社の収益力です。利益規模自体が大きいということなども重要ですが、会社の大きさがそれほどでなくても収益力の高い会社はどうすれば見つけられるでしょうか？　売上高に占める利益の割合である売上高利益率（利益÷売上高×100（％））などは有効ですが、売上高は流通業などで大きくなりやすいなど、業種ごとにバラつきがあります。

　業種にまたがって収益力を比較することのできる指標に、ROE（自己資本利益率）があります。 純利益を自己資本で割って求めますが、会社が株主から集めた資金（自己資本）を使って、どれだけ効率よく利益を増やせたかを表します。

　ROEを選択基準の柱に据える株価指数「JPX日経400」の算出が2014年に始まったのを機に、日本銀行がETF（上場投資信託）の買い入れ対象に同指数連動型を加え、GPIFも、運用に同指数を活用し始めたことで、注目度が増しています。

　ROEが10％以上あれば、経営の効率がよいと評価される一方、

第6章 株価を動かすのは何？

JPX日経400の銘柄入れ替え（2014年）

採用

コード	社名	実績ROE（%）	予想ROE（%）
6752	パナソニック	8.6	10.7
4578	大塚HD	・・	4.9
7261	マツダ	23.5	21.0
8601	大和証券グループ本社	17.0	12.3
6724	セイコーエプソン	27.6	22.7
7752	リコー	7.6	7.2
6479	ミネベア	14.4	16.9
3003	ヒューリック	11.8	11.4
2229	カルビー	13.1	14.4
6952	カシオ計算機	9.2	13.9
	採用銘柄平均	15.6	11.6

除外

コード	社名	実績ROE（%）	予想ROE（%）
6758	ソニー	▲5.8	▲7.4
8035	東京エレクトロン	▲3.3	7.4
8369	京都銀行	3.3	3.1
2212	山崎製パン	4.8	3.9
3048	ビックカメラ	12.4	12.1
6845	アズビル	5.4	6.3
7966	リンテック	5.8	7.2
8012	長瀬産業	4.9	4.7
7550	ゼンショーHD	2.0	▲5.2
2607	不二製油	6.7	6.3
	除外銘柄平均	4.2	4.3

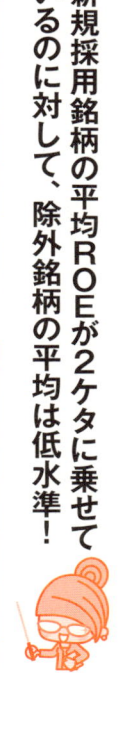

（注）2014年に入れ替えられた31銘柄のうち、それぞれ株式時価総額上位10社を掲載。『四季報』2015年春号データ。

新規採用銘柄の平均ROEが2ケタに乗せているのに対して、除外銘柄の平均は低水準！

ROEが低い場合は、収益力が劣ると判断されます。米国の議決権行使助言会社には、ROEの低い会社を経営するトップの取締役選任には、株主総会で反対するよう、投資家に推奨する動きも出始めています。

株価上昇にも寄与

　その結果、ROEは収益力を表すとともに、株式市場の評価を高め

るには不可欠な指標として、存在感を高めています。たとえば、インフラ向け建設機械などを手掛ける技研製作所（6289）は、首都圏の再開発需要に支えられ、14年3月期は17期ぶりに最高純益を更新。**ROEも急改善した結果、14年の株価は前年末の水準に比べ、一時は3倍を超える上昇を見せました。**

　ROEの改善には純利益を拡大させることに加え、自己株買いや消却を通じた自己資本の圧縮が有効です。14年春には板金機械で国内首位のアマダ（6113）が2年間、全利益を配当と自己株買いに還元する方針を発表。合わせて3〜4年後をメドにROEを10％台へ引き上げる計画を打ち出したことで、株式市場から好感されました。

　確かにROEの最大化を図る米国流の経営には、新規投資で高ROEを維持できなくなったことで、自己株買いやリストラを強いられる会社も現れています。ですが、もともと日本企業のROEはまだ平均8％台で、平均で10％を超える米国企業より大きく見劣りしています。**今はまだROEと株主還元の水準が、株式投資の期待リターンを決める要素になるという意識が、広がり始めた段階です。**

　ROEは株主の持ち分を1年でどれだけ効率的に増やせたかを表す指標だといえ、さらに今後、重要性は高まりそうです。

総資産の活用度を測るROA

　一方、ROA（総資産利益率）は、純利益を総資産で割って求めます。つまりROAは、自己資本だけでなく、負債も含め、会社に投下された全部の総資本に対する利益率を表します。貸借対照表の資産側から見れば、総資産の活用度を測る指標といえます。

　ROEが負債と自己資本の割合を変えるだけで簡単に変わってしまうのに対し、ROAは総資産が利益を生み出す力を変えない限り、数値は変動しません。

第6章 株価を動かすのは何？

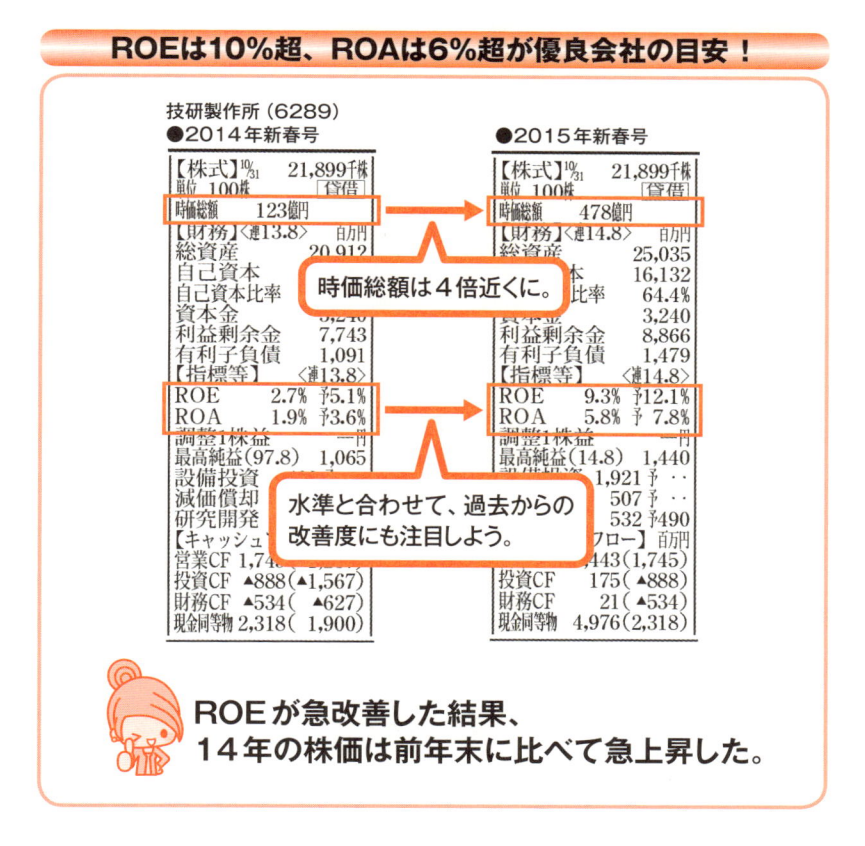

ROEは10％超、ROAは6％超が優良会社の目安！

技研製作所（6289）

●2014年新春号
- 【株式】10/31 21,899千株 単位100株 【貸借】
- 時価総額 123億円
- 【財務】〈連13.8〉 百万円
- 総資産 20,912
- 自己資本 ...
- 自己資本比率 ...
- 資本金 ...
- 利益剰余金 7,743
- 有利子負債 1,091
- 【指標等】〈連13.8〉
- ROE 2.7％ 予5.1％
- ROA 1.9％ 予3.6％
- 調整1株益 — 円
- 最高純益（97.8） 1,065
- 設備投資 ...
- 減価償却 ...
- 研究開発 ...
- 【キャッシュ...】
- 営業CF 1,74...
- 投資CF ▲888（▲1,567）
- 財務CF ▲534（ ▲627）
- 現金同等物 2,318（ 1,900）

●2015年新春号
- 【株式】10/31 21,899千株 単位100株 【貸借】
- 時価総額 478億円
- 【財務】〈連14.8〉 百万円
- 総資産 25,035
- 自己資本 16,132
- 自己資本比率 64.4％
- 資本金 3,240
- 利益剰余金 8,866
- 有利子負債 1,479
- 【指標等】〈連14.8〉
- ROE 9.3％ 予12.1％
- ROA 5.8％ 予7.8％
- 調整1株益 ...
- 最高純益（14.8） 1,440
- 設備投資 1,921 予...
- 減価償却 507 予...
- 研究開発 532 予490
- 【キャッシュフロー】 百万円
- 営業CF ...443（1,745）
- 投資CF 175（▲888）
- 財務CF 21（▲534）
- 現金同等物 4,976（2,318）

→ 時価総額は4倍近くに。

→ 水準と合わせて、過去からの改善度にも注目しよう。

ROEが急改善した結果、14年の株価は前年末に比べて急上昇した。

　通常、ROAは6％を超えると優良企業と評価されます。業種によって総資産の規模が異なる点に注意する必要はありますが、**赤字などで過小資本に陥ったことでROEは高く出てしまっても、会社全体の収益力を分析できる、優れた指標**だといえます。ROEとROAを上手に組み合わせれば、高収益企業を発掘することが可能です。

08 ライバル会社の動向をチェック!

ここをチェック!

同じ業界でも個別企業では業績に差が出る。『四季報』のデータでライバル会社を比較してみよう。

『四季報』を駆使してライバルと比較する

　『四季報』で会社分析を深める方法は、ライバル会社間の比較です。例として日本の自動車メーカーの株式時価総額で首位と2位に位置する、トヨタ自動車（7203）とホンダ（7267）を比べてみましょう。

　まず、**株価指標として予想PERとPBRを見てみます**。するとPBRはホンダのほうが低いですが、予想PERはトヨタのほうが低くなっています。予想PERは、たとえば成長性などが評価されて、もともと高水準になりやすい会社はありますが、トヨタとホンダの場合、3期平均実績PERは、むしろホンダのほうが低いことから、現状はトヨタのほうが割安だと判断できます。

　では、収益性はどうでしょうか？　ここでは、**予想ROEと、営業利益が売上高に占める比率を意味する売上高営業利益率を点検してみます**。トヨタの予想ROEは、優良企業の基準といえる10％を楽にクリアしているのに対し、ホンダはリコール対策費用の負担が響いて最終減益になる結果、10％を割り込んでいます。

　売上高営業利益率は、トヨタが今期予想ベースで10％台に乗せる

トヨタ自動車とホンダの株価指標比較

●トヨタ自動車（7203）

株価指標	
予想PER	（倍）
〈15.3〉	11.9
〈16.3〉	11.1
実績PER	
高値平均	22.9
安値平均	14.3
PBR	1.57
株価（2/23）	8130円
最低購入額	81万3000円

●ホンダ（7267）

株価指標	
予想PER	（倍）
〈15.3〉	13.1
〈16.3〉	12.4
実績PER	
高値平均	20.3
安値平均	13.3
PBR	1.04
株価（2/23）	3928.5円
最低購入額	39万2850円

PBRはホンダのほうが低いものの、予想PERはトヨタの評価余地が大きい。現状はトヨタのほうが割安だと推測できる。

のに対し、ホンダは5％台と格差が開きます。財務健全性を表す自己資本比率は、両社とも30％台と問題のないレベルです。

　業績記事を読むと、トヨタが燃料電池車開発など先行投資負担をこなしつつ、円安やコスト圧縮をテコに最高純益を更新中であることがわかります。一方、ホンダは、アジアを中心に需要が小型車にシフトしているため、収益性が落ち、経営戦略を販売台数から利益重視へ転換を図っている途上にあることがわかります。

　トヨタも、アジアなど新興国の強化を課題に抱えていますが、日本、北米、欧州という先進国で全体利益の8割を稼ぎ出す収益構造が、足元はプラスに働いていることが『四季報』から読み取れます。

さらに『四季報』を活用する方法

　さらに踏み込みましょう。株式時価総額を比べると、トヨタはホン

トヨタ自動車とホンダの収益性比較

●トヨタ自動車（7203）

【財務】〈14.12〉 百万円
総資産　　　46,722,224
自己資本　　16,316,058
自己資本比率　　34.9%
資本金　　　　　397,050
利益剰余金　15,044,056
有利子負債　19,250,175
【指標等】〈14.3〉
ROE　13.7%　予13.2%
ROA　　4.4%　予 4.6%

【業績】(百万円)　売上高　　営業利益
○12. 3　　18,583,653　　355,627
○13. 3　　22,064,192　1,320,888
○14. 3　　25,691,911　2,292,112
○**15. 3予　27,000,000　2,730,000**
○16. 3予　27,800,000　2,960,000
中14. 9　　12,945,597　1,351,946
中15. 9予　13,500,000　1,450,000
四13. 4-12　19,122,529　1,855,984
四14. 4-12　20,115,614　2,114,826
会15. 3予　27,000,000　2,700,000

●ホンダ（7267）

【財務】〈14.12〉 百万円
総資産　　　17,824,834
自己資本　　 6,782,879
自己資本比率　　38.1%
資本金　　　　　 86,067
利益剰余金　 6,786,933
有利子負債　 6,921,298
【指標等】〈14.3〉
ROE　10.5%　予8.0%
ROA　　3.7%　予3.0%

【業績】(百万円)　売上高　　営業利益
○12. 3　　 7,948,095　　231,364
○13. 3　　 9,877,947　　544,810
○14. 3　　11,842,451　　750,281
○**15. 3予　12,800,000　　715,000**
○16. 3予　13,300,000　　745,000
中14. 9　　 6,003,055　　362,485
中15. 9予　 6,380,000　　358,000
四13. 4-12　 8,745,205　　584,988
四14. 4-12　 9,293,019　　539,738
会15. 3予　12,900,000　　720,000

ROE、ROAともトヨタのほうが改善が進んでいる！

ダの約4倍あります。この差は妥当と考えてよいのでしょうか。

　『四季報』のデータを、自分でグラフに描いてみると、わかりやすくなります。ここでは、トヨタとホンダの14年末時点の総資産と自己資本、今期売上高、営業利益予想を棒グラフで比べてみました。

　『四季報』15年春号によると、それぞれトヨタはホンダの2.6倍（総資産）、2.4倍（自己資本）、2.1倍（売上高）、3.8倍（営業利益）です。つまり、**株式時価総額の差は、ほぼ両社の利益の差だったのです。**

　どうでしょう、トヨタとホンダはそれぞれ金融事業も抱え、その違いが影響している面もありますが、事業規模の差はみなさんの想像どおりだったでしょうか。他の業界を含め、企業間の差が、思っていたより大きい、あるいは小さいというケースは多くあります。

　『四季報』のバックナンバーも使って、過去データと比較すると、もう一工夫できます。『四季報』には5期～7期分の業績データが納め

第6章　株価を動かすのは何？

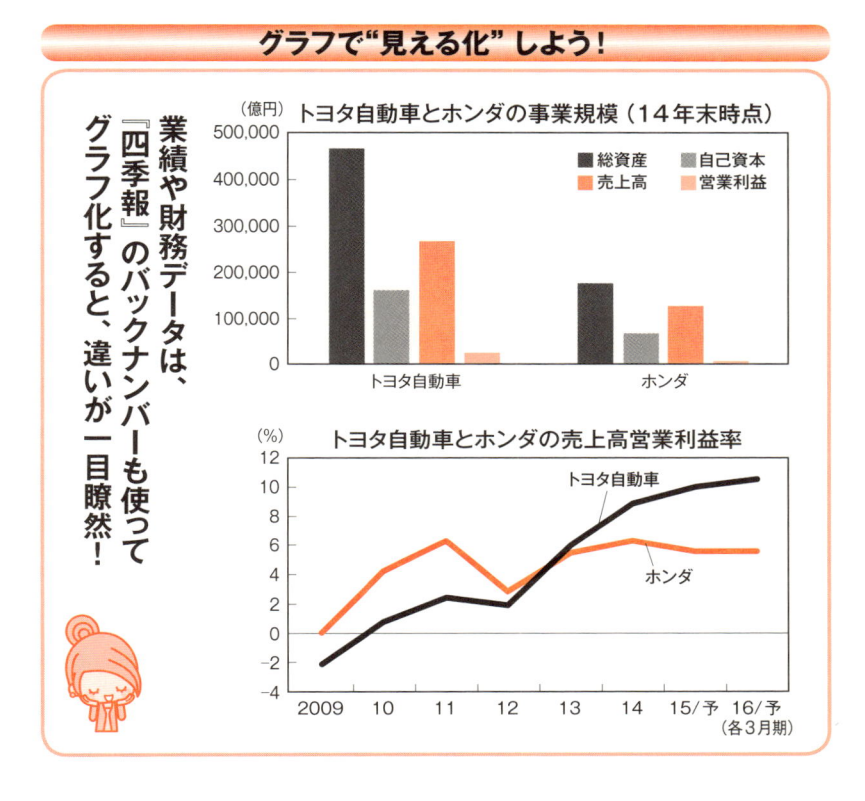

グラフで"見える化"しよう！

トヨタ自動車とホンダの事業規模（14年末時点）
（億円）
総資産／自己資本／売上高／営業利益

トヨタ自動車とホンダの売上高営業利益率
（％）
2009　10　11　12　13　14　15/予　16/予
（各3月期）

業績や財務データは、『四季報』のバックナンバーも使ってグラフ化すると、違いが一目瞭然！

　られています。今度はトヨタとホンダの売上高営業利益率を折れ線グラフに描いてみましょう。

　実はトヨタは、09年3月期は営業赤字に陥りました。ですが、その後は、国内は、設備投資や研究開発費圧縮などによる構造改革を進める一方、米国での多目的スポーツ車（SUV）拡販など、海外展開を強化してきました。今後は再び増やしている設備投資や研究開発費を利益に結びつけられるか、が焦点ですが、売上高営業利益率は足元まで停滞していたホンダに対し、着実に改善してきました。

　みなさんも、気になる業界があれば、実際に棒グラフや折れ線グラフを描いて分析してみてください。

第7章

売買チャンスはどうつかむ？

01 単元株数で個人株主重視の会社がわかる

株式投資に必要な元手は株価×単元株数。最低購入金額を見れば、個人投資家を重視している会社が見つかる。

株の売買は単元株で行われる

　実際に株を買うにはいくら必要になるのでしょうか。新聞の証券欄やネットの株式欄の株価は1株当たりの価格で、実際にはトヨタ自動車（7203）は100株、新日鐵住金（5401）は1000株など、一定の単位ごとにまとめて買わなければいけません。こうした**一定の株数をまとめて売り買いする仕組みのことを「単元株」制度といい、実際の売買は単元株の倍数ごとに行われます。**

　単元株制度ができる前、株券には50円、500円という額面の金額が記載されていました。しかし、2001年の商法改正で単元株制度が導入され、額面制度は廃止されました。『四季報』もかつては額面を掲載していましたが、今は額面の代わりに【株式】に「単位」として1単元当たりの株数、【株価指標】には「最低購入額」として直近の株価に単元株をかけた金額を記載しています。

個人投資家が買いやすい株が増えている

　かつては最低購入金額が何百万円、あるいは何千万円もする会社も

必要な資金は株価×単元株数でわかる

●KDDI（9433）

[株式欄の表組み]
- 単位 100株
- 株価（2/23） 8260円
- 最低購入額 82万6000円

2015年3月の株式分割で、さらに3分の1の金額で購入できるようになった。

KDDIの株は100株単位で買うことが必要。
8260円×100株＝82万6000円

> 東証1部の最低購入金額の平均は33万円。
> 個人投資家の重視度がわかる。

珍しくありませんでした。しかし、バブルが崩壊、株式の持ち合い解消が進むと、その受け皿として個人投資家が注目されるようになりました。また、全国の証券取引所も上場会社に対して最低購入金額が5万～50万円になるように要望してきました。さらに2014年1月から100万円以下の投資について、運用益や配当金を非課税とする「NISA」（少額投資非課税制度）が始まったため、**株式を分割したり、くくり直しといって単元株数を引き下げる会社が増加しています。**

　東証1部の場合、最低購入金額の平均は33万円程度と15年前の半分ほどにまで下がっています。とはいえ、まだファーストリテイリング（9983）やファナック（6954）のように購入するのに何百万円も必要な会社もあります。**最低購入金額も、個人投資家を重視している会社かどうか判別する指標の1つだといえるでしょう。**

02 売りたいときに売れない株に注意

大型株と中小型株では株価の動きが異なる。思わぬケガをしないために、上場市場や発行済み株式数を調べておこう。

上場市場や発行済み株式数のチェックを忘れずに

　小型株や新興市場の株の場合、買った株が値上がりしても思うような価格で売れないことは決して少なくありません。また、流動性の高い株と低い株では株価の動き方が異なります。株式投資で失敗しないためには、会社の研究とともに流動性にも注意することが大切です。

　流動性の有無を確認するには、まず『四季報』の【証券】でその会社が上場している市場を調べることが必要です。市場には、1部市場（東証1部や名証1部）、2部（東証2部、名証2部）、JASDAQや東証マザーズなど新興市場があり、市場ごとに上場の条件が定められていますが、概していえば、1部市場に上場している会社は流動性が高く、新興市場は流動性が低い傾向があります。

　ただ、上場市場だけでは十分ではありません。1部上場会社には、トヨタ自動車（7203）のように売上高が20兆円を超える大企業もあれば、売上高が100億円程度の中堅クラスの会社もあります。**上場市場に続いて、発行済み株式数をチェックすることが必要です**。発行済み株式数はその会社の普通株式として市場で売買されている株式数

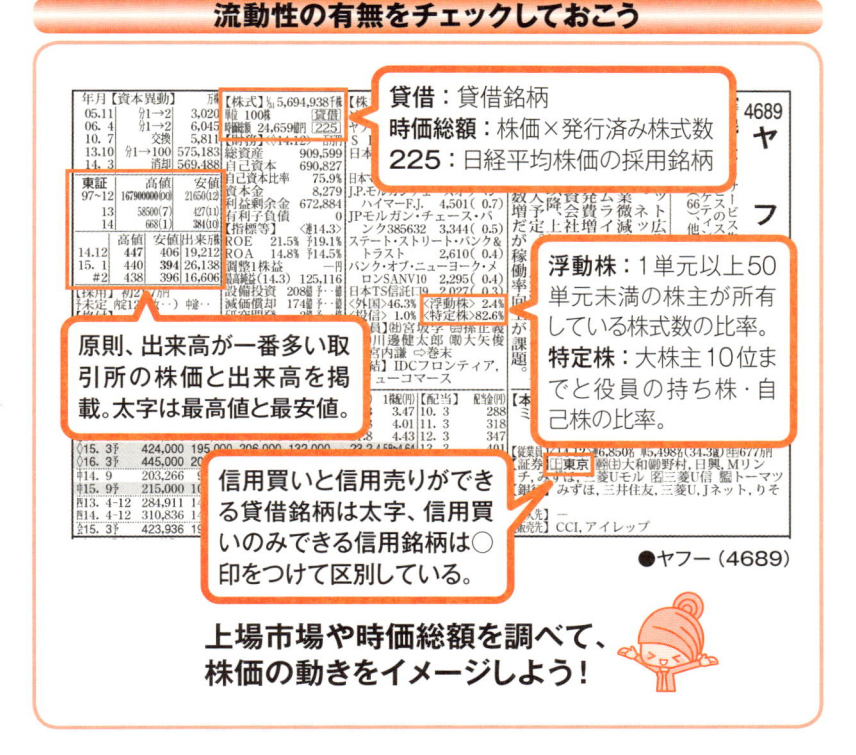

流動性の有無をチェックしておこう

貸借：貸借銘柄
時価総額：株価×発行済み株式数
225：日経平均株価の採用銘柄

浮動株：1単元以上50単元未満の株主が所有している株式数の比率。
特定株：大株主10位までと役員の持ち株・自己株の比率。

原則、出来高が一番多い取引所の株価と出来高を掲載。太字は最高値と最安値。

信用買いと信用売りができる貸借銘柄は太字、信用買いのみできる信用銘柄は○印をつけて区別している。

●ヤフー（4689）

上場市場や時価総額を調べて、株価の動きをイメージしよう！

で、2億株以上あれば流動性が高いといえますが、6000万株未満の場合は1部上場の会社でも流動性が低い場合が多く注意が必要です。

浮動株や特定株の比率の確認も重要

　【株主】の〈浮動株〉や〈特定株〉の比率も、流動性を見る上で大切な指標です。浮動株比率は1単元以上50単元未満の株主が所有している株式の総数を、発行済み株式数で割った比率です。

　持株数が少ない株主は、株主総会で議題提案権を持てないなど株主の権利に制限があるため、投資を目的としている株主であり、市場で株式を売却する可能性が高いと考えられます。したがって、**浮動株比**

率が高ければ、その銘柄の流動性は高いということができます。

　一方、特定株比率は、大株主上位10位と役員の保有株、自己株式数を「少数特定者持株数」と考え、これを発行済み株式数で除した比率です。こうした少数株主は、会社の経営に深くかかわっていることが多いため、市場で株式を売る可能性は低いと考えられます。そのため、**特定株比率が高い銘柄は発行済み株式数が多い会社でも実際の流動性は低い場合があります**。実際、特定株比率が70％を超える銘柄は全上場企業の2割近くに達しています。特定株比率が高すぎると、上場廃止基準に触れるおそれもあるので注意が必要です。

信用で買える株、信用で売れる株

　【証券】で、信用取引ができる会社かどうか調べておくことも大切です。株式の取引は、購入資金をすべて自己資金で用意する「現物取引」だけではありません。手元に多額の資金がない場合、証券会社から現金や株式を借りて投資を行うこともあります。これを「信用取引」といい、少ない手元資金で多額の取引ができるのが特徴です。

　信用で買う場合（信用買い）、購入金額の3割程度の委託保証金か同額の有価証券を証券会社に預けると、買うことができます。損失が一定基準以上に膨らむと追加の保証金が必要になる点は要注意ですが、他人名義の株式を借りて売る信用売りから始めることもできます。

　信用取引には、信用買いも売りもできる「貸借銘柄」、信用買いのみができる「制度信用銘柄」「一般信用銘柄」があります。こうした**信用取引ができる会社は現物取引だけの株に比べて参加者が多く、流動性が高い傾向にあります**。

大型株と中小型株は値動きが異なる

　発行済み株式数に株価を掛けると株式時価総額を求められます。時

大型株と中小型株では値動きが異なる

	発行済み株式数	株価の動き
大型株	2億株以上	値動きがなだらか
中型株	6000万株以上2億株未満	大型株と小型株の中間の動き
小型株	6000万株未満	値動きが激しい

上場している市場や発行済み株式数で株価の動きが異なるので注意しよう！

価総額は企業価値を表す指標の1つですが、流動性や時価総額の大きさによって、株価の動きは異なります。**発行済み株式数が多く時価総額も大きい、信用で売買ができる会社の場合、株価が動くためには多くの売買高を必要とするため、値動きは安定的になる傾向があります。**

　たとえば、新日鐵住金（5401）は発行済み株式数が95億株あり、1日の売買高が1億株を超えることもあります。株価が300円であれば売買された金額は300億円にも上ることになります。これだけの資金が値上がりと値下がりの綱引きをするので、株価が一方向に大きく動くことはまれで、値動きは緩やかなものになります。

　逆に、**小型株や新興市場など発行済み株式数が少なく時価総額も小さい会社の場合、値動きが荒くなる傾向があります。**出来高が少なく、ある程度まとまった買いが入るとストップ高になるなど買いたい価格で買えないということも起こりがちです。反対に、まとまった売りが出るとストップ安となり、売るに売れなくなることも起きます。

　株式投資で思わぬケガをしないためには、あらかじめ上場市場や発行済み株式数、時価総額などを調べ、株価の動きをイメージしておくことが必要です。

03 四季報チャートで株価の大局観をつかむ

業績がいいからといって株を買うと高値づかみになることも。ローソク足で株価の勢いや動きを予測しよう。

株価の位置を知る──チャート分析の意義

　株式投資で失敗しないためには、会社の業績や景気などに注目して分析する「ファンダメンタルズ分析」だけでは十分ではありません。業績がどれほどよい会社であっても、株価がすでに高ければ、好業績はかなり株価に織り込まれている可能性があり、思うような利益を得ることができない場合があります。反対に、株価が割安なときに買うことができれば、かなりの確率で利益を手にできるでしょう。

　では、株価が割安なのか割高なのかを判断するには、どうすればいいでしょう。1つは、第6章で触れた予想PERやPBRなど株価指標による分析です。もう1つはこれから紹介するテクニカル分析です。

　テクニカル分析は、株価自体の動きや投資家による売り買いのエネルギー（需給）に注目して株価の動きを占うものです。 その代表的な尺度として「ローソク足」があります。

　ローソク足は株価の動きをグラフ化したもので、日本生まれのチャートです。取引開始の価格である「始値」、取引終了時の価格である「終値」、取引中のもっとも高い価格である「高値」、もっとも安い

ローソク足の四本値と意味

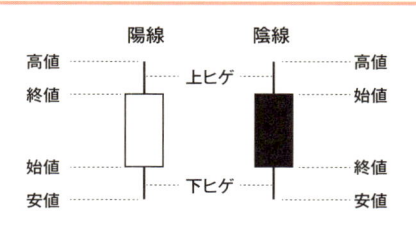

1日の四本値の動きがひと目でわかる！

陽線: 高値 — 上ヒゲ、終値、始値、下ヒゲ、安値
陰線: 高値、始値、終値、安値

ローソクの形で株価の勢いを知ろう！

呼び方	形	意味
大陽線		上昇相場にあることを示す。
大陰線		下落相場の中にあることを示す。
小陽線		上昇したが勢いは弱い。
小陰線		下落したがそれほど弱くない。
十字線		相場が反転することも多い。
下ヒゲ陽線		高値圏で出た場合は上昇を示唆。
下ヒゲ陰線		相場が反転する可能性がある。
上ヒゲ陽線		上昇が一服する可能性がある。
上ヒゲ陰線		下降に転じる可能性が大きい。

価格である「安値」の4つの価格で構成されています。

　ローソク足には、その期間によって1日の取引の動きを表した「日足」、1週間の動きを表した「週足」、1カ月の動きを表した「月足」、1年の動きを表した「年足」などがあります。最近では、インターネットでの株取引の広がりとともに、分単位での動きを見る「分足」なども使われるようになっています。

ローソク足の形とヒゲで株価の勢いを知る

　ローソク足による分析の特徴は、その形によって株価の勢いを判断

することにあります。取引の始値より終値が高ければ、ローソク足の柱は白くなります（これを「陽線」と呼びます）。反対に終値が始値より安ければ、ローソク足の柱は黒くなります（「陰線」）。

　柱が長ければ、その取引期間中の株価の上げ下げの動きが大きかったことを表します。株価の上げ幅が大きかった場合、白い柱は長くなり（「大陽線」と呼びます）、強い上昇相場にあると考えます。反対に下げが大きいと、黒い柱が長くなりますが（「大陰線」）、このサインが出るときは、株価は下落相場の中にあると判断されます。

　柱の上下にある１本線「ヒゲ」も株価の勢いを表す重要なポイントです。上に突き出た上ヒゲの先端は取引期間中のもっとも高い価格、下に突き出た下ヒゲの先端はもっとも安い価格を表します。ローソク足が下値圏で長い下ヒゲが出ると相場の底打ち、反対にローソク足が高値圏で長い上ヒゲが出た場合は、相場が天井圏にあることを意味します。また、始値と終値が同じ価格になったときは、ローソク足は「十字線」となり、相場の転換点を示しているといわれています。

　ローソク足は、柱の色や上ヒゲ、下ヒゲの長さの組み合わせによって相場の方向感を表します。いったん大きく下げた後、大きく値を戻して終値が始値を上回る「下ヒゲ陽線」は上昇を示唆し、反対に終値は始値を上回ったものの、途中につけた高値から大きく下げたときに出る「上ヒゲ陽線」は上昇が一服する懸念を示しています。

　陰線の場合も、終値は始値を下回ったものの、大きな下げから戻した「下ヒゲ陰線」が出れば、下げ相場から反転する可能性を示します。大きく上げた後、値下がりして結局、終値が始値を下回る「上ヒゲ陰線」は、相場が下降に転じる危険があることを表しています。

月足チャートで大局観をつかむ

　『四季報』は、チャート欄に月間の株価の動きを示す「月足」を過去

月足チャートで株価の位置をチェック

新日鉄住金

- 下ヒゲ陽線は上昇のサイン。
- 過去3年間の中で高値圏にある。

株価指標

予想PER	（倍）
〈15.3〉	15.1
〈16.3〉	9.6
実績PER	
高値平均	21.2
安値平均	12.8
	1.00
(2/23)	314.5円
最低購入額	31万4500円

高値圏のときは、株価指標を見て、利益の成長での買いか、人気先行かを判断しよう！

3年強（41カ月）分掲載しています。**売り買いのタイミングを計るには、まず今の株価が過去3年間の中で高値圏にあるのか、あるいは安値圏にあるのか、その中間の位置にあるのかなど大局観をつかむことが大切です。**

もし高値圏にあれば、予想PERなどの株価指標を見て、利益の成長によって買われているのか、あるいは人気先行で過熱感が出ているのか、判断する必要があります。

続いて、月足ローソク足の形を見て、今の株価が上昇相場の中にあるのか、下落相場の中にあるのか、転換点を示唆しているのかなど、株価の勢いを見ることが重要です。

そして下落相場の中にあるのであれば、それは業績が悪化しているためなのか、あるいはほかの要因があるのか、考えてみましょう。もし業績がよいのに一過性の理由で売られているのであれば、割安な価格で買うチャンスと考えることもできるはずです。

04 移動平均線で相場の強気、弱気を判断する

株価が移動平均線の上にある場合は相場が強気になり、その逆に下にある場合は弱気になりやすい。

移動平均線で株価のトレンドを調べる

　株価の勢いを判断する物指しとして、ローソク足以外に移動平均線があります。移動平均線とは、5日線、13週線、12カ月線など、ある一定の期間の株価（終値）の平均を結んだ線です。ローソク足がその当日や当該週、あるいは当該月の株価の動きを表すのに対して、**移動平均線は平均値を並べているため、相場のトレンドを見るためには、より優れているといわれています。**

　移動平均線のポイントは、移動平均線がその期間における売り買いのコストの平均値を示しているということです。つまり、実際の株価が移動平均線の上にあれば、その銘柄を買っている投資家は平均的に見て利益を上げている状態にあると考えられます。逆に、実際の株価が移動平均線を下回っている場合、その銘柄を買った投資家は損を抱えている状態だと判断できます。そのため、実際の株価が移動平均線の上にあるときには相場は強気になりやすく、下にある場合は株価が移動平均線によって上値を押さえられることになりがちです。

　株価が移動平均線から大きく離れている際は、元に戻ろうとする性

移動平均線でトレンドを点検する

トヨタ

- 株価が移動平均線の上にある時は強気相場。
- 株価が移動平均線の下にある時は弱気相場。
- 12カ月移動平均線
- 24カ月移動平均線

株価が移動平均線から大きく離れると、元に戻ろうとするので注意が必要！

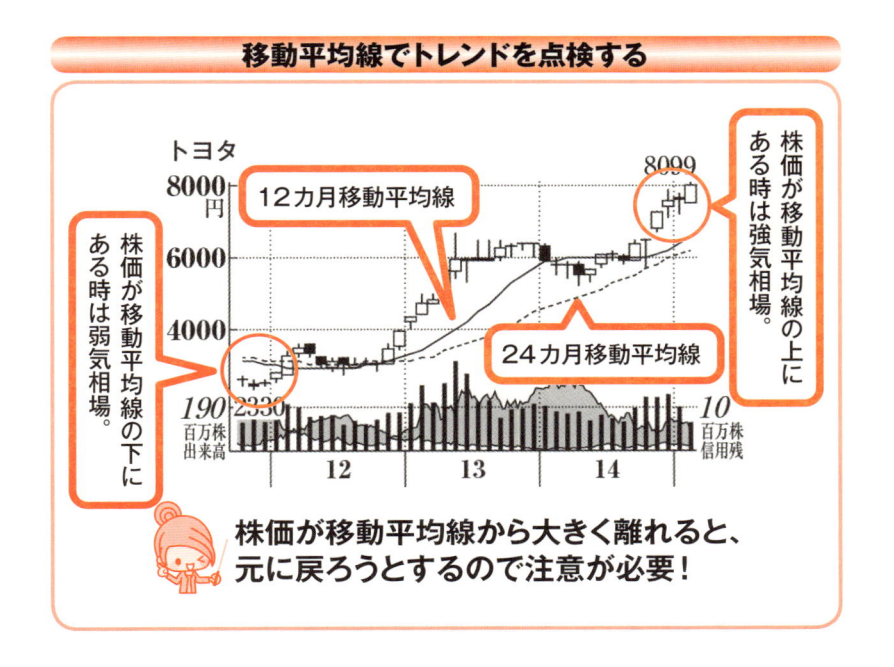

質があるため、注意が必要です。実際の株価が移動平均線から大きく上に振れて乖離が広がる局面では、投資家の多くが株を売って利益を確定しようとするため、株価は調整入りしやすくなります。逆に株価が移動平均線を大きく割り込んだときは、もう「割安」になったと考える投資家が増え、株価は反発に転じることが多くあります。

株価と移動平均線との差を乖離率と呼びます。銘柄ごとに異なりますが、13週移動平均線の場合、乖離率が5％を超えると相場は「過熱」しているとされ、いったん利食い売りが増えて調整入りしやすくなります。一方、株価が移動平均線を下回り、乖離率が▲5％を超えると、「売られすぎ」と判断した見直し買いが入りやすくなります。

ゴールデンクロスは強気相場のサイン

移動平均線がもっともよく使われるのは、売り買いのタイミングを

移動平均線で売り買いのサインを読む

ゴールデンクロス　　　　　　デッドクロス

短期の移動平均線
長期の移動平均線

短期の移動平均線が長期の移動平均線を上に抜ける。

短期の移動平均線が長期の移動平均線を下に抜ける。

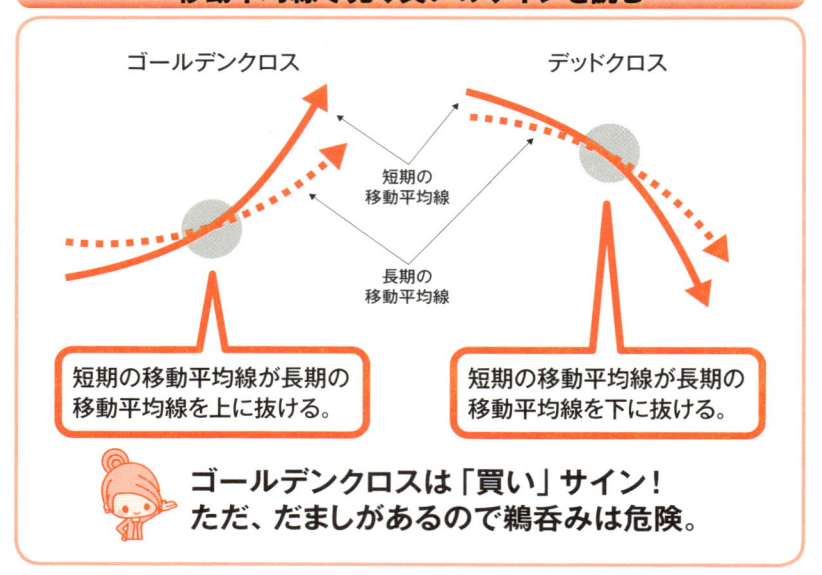

ゴールデンクロスは「買い」サイン！
ただ、だましがあるので鵜呑みは危険。

図る物差しとしてです。**株価が移動平均線を下から上に突き抜けると「買い」のサイン、反対に上から下に抜けると「売り」のサインになりやすいといわれます。**

　２本の移動平均線の組み合わせによる分析も、覚えておくと便利です。短期の移動平均線が目先の株価の動きを反映して上下に大きく動くのに対して、長期の移動平均線は長いスパンで動くため、緩やかな曲線となります。短期の移動平均線が長期の移動平均線を下から上に突き抜けることを「ゴールデンクロス」と呼び、**強気相場入りを追認した、買いのチャンスととらえます。**反対に、短期の移動平均線が長期の移動平均線を上から下に割り込むときは「デッドクロス」と呼び、**弱気相場入りを確認した、売りのサインとされます。**

　ただ、トレンドを表す長期の移動平均線が横ばいで推移していたり、下を向いているときは注意が必要です。株価が長期的に下落局面

にある中でも、株が一時的に買われると、短期の移動平均線が長期の移動平均線を上抜くことがありますが、その後は再び下降トレンド入りすることがあります。ゴールデンクロスの「だまし」と呼ばれる現象です。2本の移動平均線が、ともに上向いているときに出現するゴールデンクロスが、確度は高いと考えられています。

移動平均線で長期のトレンドをつかむ

『四季報』は、チャート欄に移動平均線として12カ月（1年間）移動平均線を実線、24カ月（2年間）移動平均線を点線で掲載しています。投資のタイミングを図るには、まず株価が移動平均線の上にあるか、あるいは下にあるかを見て、**株価が強気相場の中にあるのか、弱気相場の中にあるのかを確認することが大切です**。

株価が12カ月移動平均線、24カ月移動平均線の上にあり、かつ移動平均線がともに上向きであれば、株価は上昇トレンドの中にあると判断できます。一方、株価が12カ月移動平均線、24カ月移動平均線の下にあり、かつ移動平均線が下向きであれば、株価は下落トレンドの中にあると考えられます。こうした場合、株価は一時的に反発しても、移動平均線によって上値を押さえられやすくなります。

株価が移動平均線の上にあり、2本の移動平均線がともに上向きで、12カ月移動平均線が24カ月移動平均線を上抜くゴールデンクロスが現れた場合は「買い」サイン、逆に株価が移動平均線の下にあり、12カ月移動平均線が24カ月移動平均線を下抜いたときは「売り」サインだととらえることができます。ただ、**12カ月移動平均線、24カ月移動平均線は長期のトレンドを探るには適していますが、実際の売買のタイミングを探るにはやや期間が長すぎることは確かです**。『四季報』のチャート欄で長期トレンドをつかみ、その上で週足チャートや日足チャートを活用して、投資の判断をすることが大切でしょう。

05 信用売り残や出来高の増加は株価上昇のサイン?

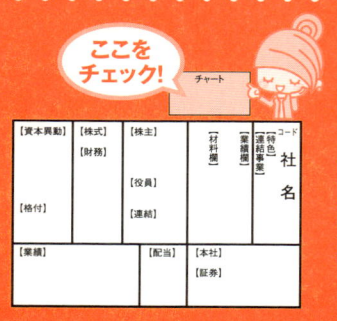

ここをチェック！ チャート

出来高は人気のバロメーター。ローソク足や移動平均線などと組み合わせて、売買のタイミングを探ろう。

信用残で今後6カ月の動きを読む

　売り買いのタイミングを探るには、信用残や出来高にも注意することが大切です。株式の売買は、購入資金を自己資金でまかなう現金取引に加えて、実際には、証券会社から現金や株式を借りて売買を行う「信用取引」も多く行われています。**ポイントは、信用取引には決済期限があるということです。**信用買いの場合、通常、6カ月以内に株を売却、信用売りの場合は6カ月以内に株を買い戻すことによって決済しなければなりません。**信用買い残が多いときは、今後6カ月以内に反対売買の売りが出てくる可能性が高く、株価が上がりにくい要因となります。**反対に信用売り残が多い場合は、6カ月以内に反対売買の買い戻しが入る可能性が高く、株価の下支え要因となります。

出来高は人気のバロメーター

　出来高の増減にも注意が必要です。出来高はある期間において売り買いされた株式数の合計ですが、**株価が上昇に転じる場合、多くは出来高を伴って値上がりします。**その銘柄を買いたいと考える投資家が

出来高と信用残で売買のタイミングを探る

味の素

- 信用売り残が買い残より多い場合、株価が上がる要因になる。
- 信用買い残が多いときは反対売買の売りをこなせるかがカギ。
- 株価急騰も出来高が減っていることが気掛かり。

出来高は人気のバロメーター。
株価が上がるときは出来高を伴うことが多い！

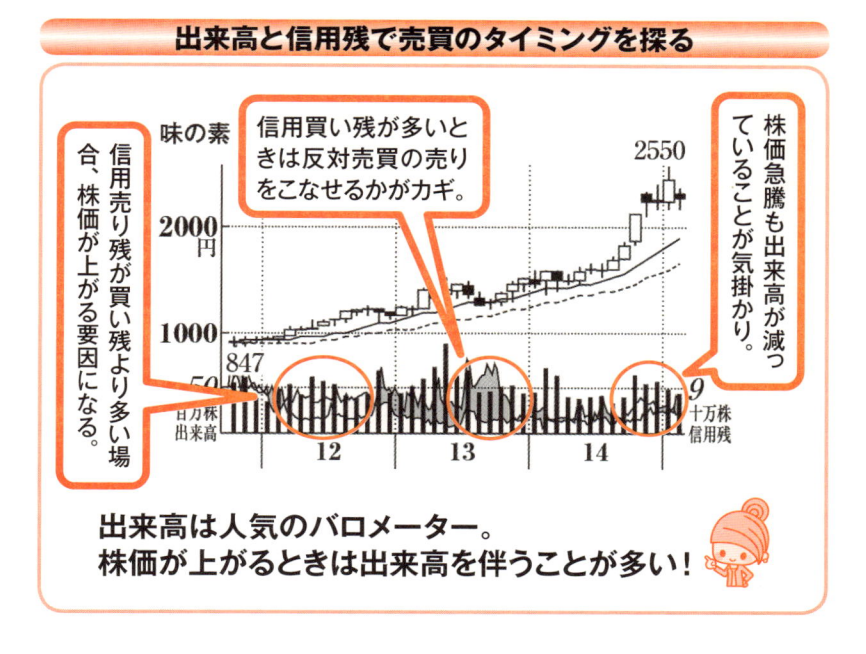

増えているわけで、人気のバロメーターといえます。反対に、その銘柄を買いたいという人が減ると、出来高が細って株価が値下がりすることがよくあります。**出来高が少しずつ増えているのに、株価が下がり続けることもあります**。これはその銘柄が割安だと思って買いに出る投資家が増え始めたことを示唆しています。やがて売りが減ると、株価が上昇に転じる「反転上昇」のサインだともいえます。

『四季報』では、株価チャート欄に信用取引による信用売りの未決済残高「売り残」と、信用買いの未決済残高「買い残」を折れ線グラフ、月間の出来高を棒グラフで表しています。買い残が売り残を上回る部分は灰色にし、売り残が買い残を上回る部分は白地のまま表示しています。【株価】には、直近3カ月間の出来高と各月の高値、安値を掲載しています。ローソク足や移動平均線などと組み合わせて、売り買いのタイミングを探ってみてください。

06 短期派も中長期派もトレンドの確認を！

株式投資で失敗しないためには、会社の業績研究だけでなく、チャートで株価の水準を確かめることが大切。

株価の動きを重視する短期投資

　株式投資には、大きく分けて2つのスタイルがあります。

　1つは、**購入した銘柄の株価が値上がりしたら、すぐに売却して利益を確定する短期投資です**。短期投資の定義はさまざまですが、長い場合で1カ月程度、短い場合は数日程度、最近ではネット取引の普及によって2〜3分で売買を繰り返すデイトレード取引が増えています。

　そのメリットは、資金を効率的に回転させることができる、売買そのものを楽しむ、あらかじめ売る値段を決めておくと値下がりした場合も損失を限定することができるなどの点です。

　短期投資では、会社の業績などファンダメンタルズより、株価の動きそのものが重視されます。ただ、株価が考えたように動かない場合には、損失が膨らむリスクもあります。

　投資する際、『四季報』で株価が上昇局面にあるのか、あるいは下降局面にあるのか、中段での保ち合いの状態にあるのか、大きなトレンドをつかんでおくとリスクを抑えることができます。

短期投資と中長期投資の長所と短所

	長　所	短　所
短期投資	・資金を効率的に回転させることができる。 ・売買そのものを楽しむことができる。 ・値下がりしたときのリスクを限定することができる。	・予想が外れた場合、損失が膨らむことがある。
中長期投資	・配当金や株主優待による特典も得ることができる。 ・売買に手を取られないで済む。 ・短期取引に比べてリスクは小さい。	・高値で買った場合、塩漬けとなることがある。

短期投資も中長期投資も『四季報』で業績や株価の位置を点検することを忘れずに！

中長期投資で塩漬けを避ける秘訣

　もう1つは、『四季報』などで会社の内容をじっくり分析して行う**中長期投資**です。目先の株価の動きにまどわされることなく資産として持ち続ける方法で、通常で2〜3年、長い場合は10年以上、場合によっては一生持ち続けるという方もいます。

　短期取引が株価の値上がりによって得る売買益（キャピタルゲイン）を目的とした投資であるのに対して、**中長期投資は売買益のほか、配当（インカムゲイン）や株主優待による特典**などをもらうことができます。株式の売り買いに時間や手間を取られないで済むほか、短期取引に比べて値下がりリスクが小さいといわれています。

　ただ、中長期投資でも、高値で買ってしまった場合、売るに売れないで持ち続ける「塩漬け」になることがあります。『四季報』で会社の業績を研究するとともに、短期取引と同様、『四季報』のチャート欄を使って株価の水準などを確かめておくことが大切です。

07 株価に季節性?
相場のアノマリー

株価は季節性や属性に応じて動くことがある。さまざまなアノマリーを知って株式投資の参考にしよう。

株価は投資家心理で揺れ動く

　株式市場における考え方の基本は、すべての情報は株価に正しく反映されているというもので、効率的市場仮説と呼ばれています。

　しかし、実際にはすべての投資家が同じような情報を持っているとは限りませんし、売り買いの世界なので、**市場に参加している投資家の心理や思惑によって株価は大きく揺れ動くことがあります**。いずれは業績などファンダメンタルズに基づいた価格に落ち着くといわれていますが、バブルのような誤った状態が長く続くこともあります。

　個々の会社の株価についても、業績などの実態面から大きくかけ離れた価格まで買われたり売られたりすることがあります。株価の動きには、さまざまなアノマリー（はっきりした根拠のない経験則）が働きやすく、実際の売買では、こうした特性を頭の中に入れて柔軟に対処することが大切です。

季節性に基づくアノマリー

　アノマリーの多くは季節性に基づくものですが、よくいわれるもの

相場の主なアノマリー

時期	アノマリー	理由？
1月	1月効果	1月に入ると、新たな資金が株式市場に入るため、1月相場は高くなる可能性が高い。
2～3月	節分天井・彼岸底	2月上旬に高値をつけるが、3月中旬には安値をつけやすい。ただ、今ではほとんど見られない。
4月	新年度効果	日本の場合、新年度ということで資金が株式市場に入るため、4月相場は高くなる可能性が高い。
5月	セル・イン・メイ	ヘッジファンドの多くが決算を迎え売りが出るため、5月相場は安くなる可能性が高い。
7月	サマーラリー	欧米の金融機関が下半期に入るため、株式市場に資金が入りやすい。
8月	夏枯れ相場	機関投資家が夏休みとなるため、売買高が減少。小型株が人気化する確率が高い。
10月	ハロウィーン効果	ヘッジファンドなどの決算期が近づくため換金売りでハロウィーンの頃に安値をつける傾向がある。ブラックマンデーなど波乱が起きることも。ただ、この頃に株を買い、翌5月に売るとよいパフォーマンスが得られるとの声もある。
12月	掉尾の一振	クリスマス前後から株式市場に資金が戻り年末は高くなる確率が高い。反面、「餅つき相場」ともいわれ、新年の見通しへの思惑が交錯し、株価が激しく動くことも。

株価は理屈どおりに動かないことがある。アノマリーによる動きも頭の中に入れて柔軟に対処することが失敗しないためのポイント！

に、「1月効果」があります。

1月効果とは、12月が年末のため税金対策としての売りが出やすいのに対して、1月に入ると欧米のファンドの分配金が再び投資に回されることなどを機に、新たな投資資金が株式市場に流入しやすく、株価は値上がりする確率が高いというものです。

また、米国では、前年に納めた所得税などを年明けの確定申告で取り戻すのが一般的ですが、こうした税還付が1月から始まることも、この背景にあると思われます。

1月効果に対して、5月は株価が軟調になることが多く、**「セル・イン・メイ」**(Sell in May)の月といわれています。1月効果と同じく米国で生まれた相場格言ですが、税還付が5月にほぼ終わることや、5月はヘッジファンドの多くが決算を迎えることで売りが出やすいためといわれています。

　7月に入ると、**「サマーラリー」**です。欧州や米国では下半期に入ることで新たな資金の流入が期待できるため、株価は上昇する傾向があるといわれています。日本も欧米株高による外国人買いの増加で、株価は上昇することが多いようです。

　10月はブラックマンデーが起きた波乱の月ですが、**「ハロウィーン効果」**がよくいわれます。米ミューチュアル・ファンドによる節税対策のための売りや、ヘッジファンドによる換金売りが出やすいことに加え、秋になって夜が長くなるにつれて人々の気持ちが不安定になり、リスクを避けようとするため、株価は調整局面を迎えやすいといわれます。ただ、ここを底に翌春までは上昇トレンドが続くケースが多いため、買いには適した時期になるというものです。

　このほか、日本では新規資金の流入を見込めることで、4月相場は高くなるという**「新年度効果」**、ビール株や清涼飲料の会社の株が5〜7月に買われるという**「シーズンストック」**、機関投資家が夏休みに入る8月は**「夏枯れ相場」**、年末1週間の株価は、上昇する傾向が強いという**「掉尾の一振」**など、季節性に基づくアノマリーにはいろいろなものがあります。

小型株なのか？　大型株なのか？

　アノマリーには銘柄の属性によるものもあります。有名なものとして、時価総額が大きい大型株に投資するより小型株に投資したほうが収益率はよくなるという**「小型株効果」**があります。

この理由は次のように説明されます。小型株のほうが利益成長率は高い、小型株は株式市場では見逃されがちで、注目されると人気が集まりやすい、流動性が低く、いったん買われると大きく値上がりすることが多い、等々です。

　また、予想PERの低い銘柄で構成した銘柄群を買ったほうが、予想PERの高い銘柄群を買うより、高いリターンを得られる**「低PER効果」**もあります。この理由としては、予想PERの低い銘柄のほうがリスクは高く、リスクが高い銘柄をあえて買おうという投資家に対する見返りだという説明がされます。

　さらに、株価が下がった場合はいずれ反発し、反対に値上がりした場合は、いずれ下落することが多いという経験に基づく**「リターンリバーサル」**も、株価の調整局面でいわれることがあります。ただ、株価が上がっている銘柄を素直に買う「順張り」と、リターンリバーサルのような「逆張り」のどちらがいいかは、相場の局面次第で異なってくるようです。

　以上のように、アノマリーが起こる要因はさまざまに説明されていますが、多くは需給に基づくものが多く、「絶対」といえるものではありません。たとえば、日本で古くからいわれている相場格言の1つに、**「節分天井・彼岸底」**があります。これは節分の時期（2月上旬）に株価は高値をつけて、彼岸の時期（3月中旬）に安値をつけやすいというものです。1990年代まではこうした動きがしばしば見られましたが、最近は背景にあった企業間の持ち合い株の解消売りがほぼ終わっているためか、めったに見られなくなりました。

　アノマリーを鵜呑みにして流れについていくと、思わぬ大ケガをすることもあります。**株を売り買いするときは、アノマリーも頭に入れつつ、『四季報』の業績見通しや「業績欄」「材料欄」を読んで、判断をすることが、成果を上げるためには必要になります。**

第 **8** 章

お宝株を見つける裏技は？

01 巻頭特集で市場と業界の動きをつかむ

各号のポイントや特集で株式市場全体の流れをつかんで、個別銘柄の売り買いのタイミングを考えよう！

市場全体の流れを読むことが大切

　株式投資において負けないためには、個々の会社の業績予想や財務指標などファンダメンタルズ分析や、チャートなどのテクニカル分析とともに、株式市場全体の流れをつかむことが大切です。

　業績がよく、チャート、需給がいい銘柄であっても、マーケットが崩れると、影響を受けて売られてしまうことがあります。また、ある意味で業績の善しあしは相対的なものです。ある会社の業績がよくても、ほかにもっと業績がよい会社があれば、株式市場の関心はほかに移ってしまいます。「木」をしっかり見ることも大切ですが、「森」を見て、ほかの木と比べ、その木の内容を判断することも必要です。

編集長コメントで注目点をチェック

　『四季報』の巻頭に掲載されている「今号のポイント」や、「【見出し】ランキングで見る業績トレンド」「業種別業績展望」で市場全体の大きな流れをつかみ、その上で個々の会社について売り買いのタイミングを考えることをお勧めします。

今号のポイントをチェック！

『四季報』編集長が注目ポイントを簡潔に解説！

春号のポイント

電力・ガスや鉄鋼、電気機器が前期比で高成長
来期は海運、卸売、金属などに好業績期待

四季報予想について

上場会社全体の約70％を占める3月決算会社の2015年3月期第3四半期決算（4～12月期）が出そろいました。決算を受けて、会社四季報の業界担当記者が、独自取材で今期（15年1月期～15年12月期、対象企業3173社）、来期の業績予想を見直しました。3月決算企業は、記事前半で今期業績について前期比で解説し、記事後半で来期業績についても解説しています。

今期予想営業利益の前期比増減率は、製造業が前期比9.4％、非製造業が2.7％、全産業では6.6％の増益予想となっています。昨年12月に発売した四季報新春号予想値と比較すると、製造業はマイナス2.3ポイント、非製造業はマイナス1.1

（業績の動きが、1部、2部、JASDAQ、新興市場と、市場別にわかる。）

動向によっては業績動向が大きく変動します。会社側が今期業績の前提としている為替レートが、上記から外れている場合は、四季報独自に業績予想を増減していることがあります。

来期業績に目を転じると、電力・ガス、海運、

役立ちランキングでは、採用ランキングに加え、残業時間や有給取得率、新卒離職率から見た好待遇企業上位100社を掲載しています。

市場別業績集計（下表）

決算業績集計を市場別に見ると、今期の1部上場企業の営業増益率が6.6％であるのに対して、新興市場は160.8％増と高い成長を見込んでいることが注目されます。一方で、2部市場は3.8％増、JASDAQが1.4％増と1部市場の営業増益率よりも伸びが小さくなっています。

市場別決算業績集計表（前期比増減率） (単位:％)

	決算期	合計 (3173社)	1部 (1658社)	2部 (534社)	JASDAQ (745社)	新興市場 (198社)
売上高	前期(実)	9.9	10.1	7.0	7.7	21.3
	今期(予)	3.9	4.0	1.6	2.8	21.6
	来期(予)	2.9	2.8	3.5	6.4	15.3
営業利益	前期(実)	32.5	33.0	27.2	15.3	45.0
	今期(予)	6.6	6.6	3.8	1.4	160.8
	来期(予)	14.5	14.3	15.0	14.7	54.3
経常利益	前期(実)	34.9	35.6	23.6	12.9	31.6
	今期(予)	5.7	5.7	1.2	▲0.6	172.5
	来期(予)	10.2	10.1	11.3	12.7	54.6
純利益	前期(実)	70.6	72.8	33.9	16.3	▲1.4
	今期(予)	6.0	5.6	7.6	7.8	452.5
	来期(予)	13.3	13.2	5.9	15.0	65.0

※新興市場は新興市場＋「営業利益率が赤字」ない会社。合計には地方単独も含む

マーケット全体の流れをつかむ上で、まず参考にしたいのが「今号のポイント」です。株式市場は生き物ですので注目点はその時々によって異なってきますが、**『四季報』編集長が上場会社全体の業績や業種別の業績動向、業績予想の前提となるマクロ経済や為替レート、各号（春号、夏号、秋号、新春号）の注目点について解説しています。**

また、各号の「業績欄」や「材料欄」に数多く登場するキーワードや、四季報予想と会社計画との差、あるいは新卒者の採用実績や採用予定、為替感応度など特集の内容について簡単にふれていることもあります。

「今号のポイント」の「市場別決算業績集計表」は、今期・来期2期の業績予想を集計したものです。

ここでは、全体と、1部、2部、JASDAQ、東証マザーズなどの新興市場別に前期比増減率を掲載しています。好業績なのは新興市場の会社か、あるいは1部市場に上場している大企業か、上場市場別に動向がひと目でわかるようになっているので便利です。

【見出し】ランキングで業績トレンドをつかむ

　「【見出し】ランキングで見る業績トレンド」は、『四季報』2013年新春号から新たに設けたランキングです。**春号、夏号では、主として前期実績との比較でつけた見出しについて集計を行っています。**【最高益】【続伸】【増益】などポジティブな「見出し」がランキング上位を占める場合は全体の業績が好調に推移していること、反対に【減益】【続落】【低迷】などネガティブな「見出し」が多いときは全体の業績が冴えないことを示しています。

　一方、**秋号、新春号は、前期実績の比較とともに前号と比較した見出しが増えています。**【増額】【上方修正】【増益幅拡大】【再増額】【上振れ】など前号予想と比べて営業利益が増えることを意味する「見出し」が増えれば、業績は拡大局面にあること、逆に【減額】【下方修正】【減益幅拡大】【再減額】など前号と比べ業績が悪化する【見出し】が増えると、業績が悪化してきていることを表しています。

業種別業績展望で業界ごとの動向を把握する

　「業種別業績展望」は、業種別に業績予想を集計しています。

　ここでは、建設業や食料品をはじめ、化学、鉄鋼、電気機器、輸送用機器、卸売業、小売業、サービス業など東証33業種に基づいて、業種ごとに売上高、営業利益、経常利益、純利益の前号に比べた増減率と、3期分（前期実績と今期および来期予想）の前期比増減率を掲載しているので、**どのような業種が成長・拡大基調にあるのか、あるいは**

「業種別業績展望」でトレンドを把握する

業種	集計社数	売上高 今期予想合計額(億円)	(前号比)%	前年度比(%) 前期実績	今期予想	来期予想	営業利益 今期予想合計額(億円)	(前号比)%	前年度比(%) 前期実績	今期予想	来期予想
食料品	118	229,559	(0.1)	4.4	3.5	3.8	10,102	(▲1.3)	4.2	5.3	7.3
繊維製品	53	62,961	(▲1.1)	8.4	4.5	3.9	2,981	(3.7)	19.8	11	13.1
パルプ・紙	25	45,511	(▲1.1)	10.5	7	5.5	1,434	(▲6.5)	3.1	▲5.7	21.2
化学	193	325,916	(▲0.2)						27.1	14.5	13.6
医薬品	47	26,339	(0.1)						4.3	▲7.8	13.7
石油・石炭製品	12	242,322	(▲12.1)						4.6	赤字化	黒字化
ゴム製品	18	65,762	(2)						1.3	8.5	5.8
ガラス・土石製品	54	59,030	(1)						8.2	▲1.5	10.4
鉄鋼	43	151,710	(▲0.6)						9.4	18.9	16.5
非鉄金属	32	100,117	(0.8)						2.8	18.4	10.3
金属製品	89	69,786	(▲0.9)	10.6	3	6.6	3,131	(▲11.7)	32.6	▲13.8	19.4
機械	207	240,393	(0)	13.5	8.4	5.9	20,804	(▲0.0)	32.8	19.2	11.6
電気機器	233	716,959	(0.7)	11	4	3.6	44,727	(2.5)	49.9	22.2	19.6
輸送用機器	83	875,228	(1.2)	15.3	6.4	4	66,073	(0.8)	51.4	11.4	8.9
精密機器	50	49,417	(▲0.1)	8.2	2.5	5.3	3,725	(▲7.3)	34	▲15.8	19.4
その他製品	104	85,361	(▲0.9)	3.5	1.4	2.9	4,139	(▲6.5)	26.9	23.5	8.3
製造業	1361	3,346,377	(▲0.6)	11.3	3.3	2.9	203,272	(▲3.1)	37.3	9.4	16.8

> 前期比と前号比が掲載されているので、上昇トレンド、下降トレンドにある業種がひと目でわかる。

製造業、非製造業、金融業、全産業でも集計しているので、大きなトレンドをつかめる！

どの業界が縮小傾向にあるのか理解することができます。

　また、全産業のほか、「製造業」「非製造業」「金融業」などについても集計しているので、業種別の動向に加えて、より大きな視点で業績の動向を俯瞰することができます。

　個々の会社を見る場合、全産業や業種全体と比べることで、その会社の強さと弱さが見えてきます。業種全体が停滞している中、高い成長性を守っているのであれば、何か特徴を持っているのです。

　そうした視点を持って『四季報』の「業績欄」や「材料欄」を見れば、その会社が同業他社にはない強い製品競争力や販売力を持っている、あるいは新たな事業領域を切り開いていることが確認できることもあるでしょう。反対に、その会社だけが低迷を続けていれば、事業戦略に課題を抱えていることが読み取れるようになるはずです。

02 巻頭ランキングでサプライズ銘柄を先取りする

『四季報』のランキングをチェックして、サプライズによる株価上昇が期待できるお宝銘柄を発掘しよう!

上方修正率の大きい会社がひと目でわかる

　株式投資で成功するための秘訣は、業績の上方（増額）修正などポジティブ・サプライズ銘柄を先取りすることです。

　情報量が限られる個人投資家にとって簡単なことではありませんが、便利なのが最新のデータを基に行っている『四季報』の「巻頭ランキング」です。なかでも上方修正銘柄を探す上でもっとも活用されているのが、秋号、新春号、春号の年3回掲載している「前号予想比増額率ランキング」です。

　『四季報』では、各会社の担当記者が随時、業績の取材を実施しています。**四半期決算発表時には、通期計画に対する進捗率なども精査して通期営業利益が前号に比べて増えるのか減るのか、前号と同じでよいのか、業績予想の見直しを行っています。**ここでは、こうした取材の結果、前号予想と比べて今期予想が上方修正された会社を上方修正率の大きい順にランキングしています。

　また、秋号、新春号の年2回行っている「第1四半期（新春号は第2四半期）高進捗率ランキング」も、今後、上方修正が期待できる会社を

巻頭ランキングでお宝銘柄を探す①

ポジティブ・サプライズを探すには

前号予想比増額率ランキング
夏号を除く年3回掲載。前号と比べて上方修正率が大きい順にランキング。

第1四半期(第2四半期)高進捗率ランキング
秋号、新春号の年2回掲載。通期計画に対する進捗率が高い順にランキング。業種によって季節性があることには要注意。

予想営業利益 5億~50億円

順位	コード	社名	決算期	今期予想営業利益(百万円)		今期1株益(円)	株価情報		最低購入額(万円)
				増額率(%)	今号予想	前号予想		予想PER(倍)	PBR(倍)	
1	8011	三陽商会	連15.12	500.0	3,200	200	0.8	381.3	0.62	30.5
2	6384	昭和真空	連15.	260.0	540	150	82.8	10.4	0.95	8.7
6	6654	ネクス	連15.11	147.5	990					
7	9535	広島ガス	連15.3	146.7	3,700					
8	6323	ローツェ	連15.2	145.5	810					
9	8202	ラオックス	連15.12	106.8	4,550					
10	3807	フィスコ	連15.12	100.0	1,700	850	26.2	16.7	4.99	4.4

前号予想と今号予想を比べて増額率を算出してランキング。

増額がすでに株価に織り込まれていることも。予想PERやPBRなど投資指標のチェックも忘れずに!

前号予想比増額率ランキングは、営業利益5億~50億円、50億円以上と規模で分けているので、アナリストがカバーできない会社の上方修正も先取りできる。

探すのに便利です。

　進捗率は、通期の業績見通しに対して四半期業績がどの程度まで進んでいるかを示す目安ですが、四半期決算が定着するに伴い、日本の株式市場では、その注目度が年々高まっています。

　ただ、直近の四半期決算発表時に増額を発表した会社や四半期進捗率の高い会社の場合、株価が増額や上方修正への期待をすでに織り込んでいるケースがあります。予想PERやPBRなど投資指標を参考にして、上振れが株価にまだ反映されていない出遅れの好業績株を探すことが大切です。

巻頭ランキングでお宝銘柄を探す②

将来、飛躍が期待できる会社を探すには

設備投資額増加率ランキング
夏号と新春号で掲載。今期予定額と前期実績を比べて増加率が大きい順にランキング。

研究開発費増加率ランキング
夏号で掲載。今期予定額と前期実績を比べて増加率の大きい順にランキング。ただやみくもに費やしてしまう会社も少なくないので、効率的に研究開発を進めている会社を探そう。

外国人好みの会社を探すには

外国人持ち株比率増加率ランキング
夏号で掲載。増加率を点検して外国人に人気がある銘柄を先取りしよう。

3月本決算会社のデータがそろう夏号では、3つの特別ランキングを掲載！

夏号の特別ランキングで将来花開く会社を探す

　3月本決算会社のデータがそろう夏号では、3つの特別ランキングを掲載しています。

　1つめは、「設備投資額増加率ランキング」です。今期予定の設備投資額が100億円以上の会社を対象として、今期の設備投資予定額と前期実績を比較、増加率が大きい順にランキングしています。

　2つめは、「研究開発費増加率ランキング」です。今期の研究開発費予定額が50億円以上の会社を対象に、今期予定額と前期実績を比べて、増加率の大きい順にランキングしています。

　株式投資の醍醐味の1つは、将来の飛躍が見込める会社を発掘することです。**こうした会社を探し出すには、経営者が景気や自社の先行きを、どのように考えているかを知ることが重要なポイントとなりま**

す。その手掛かりとなるのは、今後の業績向上につながる設備投資や研究開発費の動向です。自ら将来を切り開こうとしている会社を探してみてください。

3つめは、「外国人持ち株比率増加率ランキング」です。第2四半期末を含めた直近本決算期末時点での外国国籍の個人や外国の法律により設立された法人、いわゆる外国人投資家が所有する持ち株の発行済み株式数に占める比率を、1年前の比率と比較して、持ち株比率の増加率が大きい順にランキングしています。

日本の株式市場の動きを分析する上で欠かせない存在が外国人投資家です。売買高の6割を占めるだけに目が離せないのは当然ですが、最近、日本でも、**目標とする経営指標として、外国人投資家が重視するROEを掲げる会社が増加するなど、その影響力は増してきている**ので、もっとも注目したいランキングの1つです。

本業の儲けを示す営業利益の増減が焦点

『四季報』では毎号、「今期営業増益率ランキング」(春号では「来期営業増益率ランキング」)「低PERランキング」「低PBRランキング」を定番ランキングとして掲載しています。

「営業増益率ランキング」では、今期予想営業利益が5億円以上であることを条件として、今期予想と前期実績を比較して伸び率が大きい順にランキングしています(銀行、証券など金融機関は経常利益)。

銘柄選びに失敗しないためには、利益の着実な成長が期待できる会社を探すことが重要です。このとき、焦点を当てたいのは本業の儲けを表す営業利益の伸び率です。経常利益や純利益の場合、為替差益や土地の売却益など、必ずしも本業とは関係がない一時的な要因で利益がカサ上げされることもあるためです。

営業利益が売上高の伸びで増えているのか、あるいは合理化や経費

巻頭ランキングでお宝銘柄を探す③

着実な成長が期待できる会社を探すには

今期営業増益率ランキング
年4回掲載。営業利益が増えているのは売上高の伸びによるのか、コストの削減なのか増益の質を四季報記事でチェック。

割安で好業績の会社を探すには

低PERランキング
年4回掲載。PERの水準に絶対的な基準はなく、過去の推移やライバル会社と比べて割安かどうかを判断することが大切。

低PBRランキング
年4回掲載。1倍割れは解散価値に比べて株価が割安に売られていることを意味する。

株で勝つためには、銘柄選びとともに、買うタイミングを誤らないことが大切！

抑制などコスト削減で改善しているのか、このランキングに合わせて、四季報記者のコメントで増益の質もチェックしましょう。

また、銘柄選びとともに、**買うタイミングを誤らないことも大切です**。好業績銘柄といっても、株価がすでに高ければ値上がり益を得ることは難しいものです。そこで役立つのが、「低PERランキング」「低PBRランキング」です。ここでは、株価が割高か割安かを判断する代表的な物差しとして使われている予想PERとPBRを、それぞれ数値が低い順にランキングをしています。

ただ、**PBRが1倍未満であれば会社の解散価値より株価が安い水準にあることを意味するのに対して、予想PERは何倍であれば割高か割安かという絶対的な目安がないことには注意が必要です**。過去の水準や同業他社のPERと比較して、割安感がある銘柄を発掘してください。

03 ◎◎銘柄も投資指標を確認しよう

◎マークや前号比修正矢印を見つけたら、鵜呑みにせず、必ず増額の質や株価の位置を確認しよう。

サプライズ銘柄を先取り！

　株式投資で成功する秘訣の1つは、**業績の上方修正（増額）**など、いわゆるポジティブ・サプライズ銘柄を探すことです。その際、便利なのが『四季報』の欄外に掲載している◎（会社比強気）マークや前号比修正矢印です。

　◎マークは、四季報予想の営業利益が会社計画の営業利益に比べて強気のときにつけるマークです。四季報予想が会社計画に比べて30％以上強気なときは◎◎（大幅強気）マークをつけています。一方、前号比修正矢印は、『四季報』の今号と前号の予想営業利益を比べて、どの程度変化したかを、矢印によって表示したものです。30％以上の上方修正をしたときは「⬆⬆大幅増額」と記載しています。

株価の位置や予想PERのチェックを忘れずに

　ただし、むやみやたらに飛びつくことは危険です。株式市場は、機関投資家やヘッジファンドなどプロの投資家や、個人でもデイトレーダーや歴戦の強者たちが参加している世界です。彼らは、常に月次の

😊マークでサプライズ銘柄を先取り！

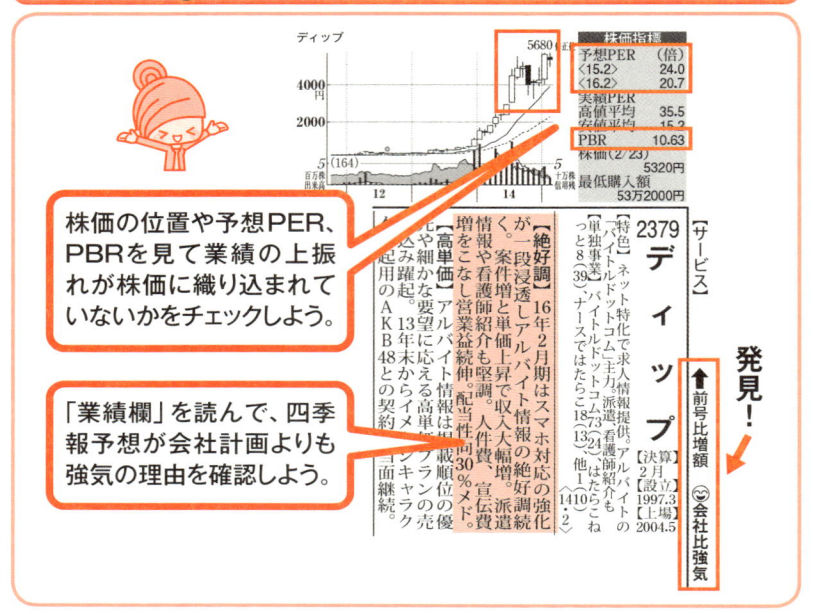

株価の位置や予想PER、PBRを見て業績の上振れが株価に織り込まれていないかをチェックしよう。

「業績欄」を読んで、四季報予想が会社計画よりも強気の理由を確認しよう。

受注や売上動向、あるいはマクロ経済の指標などをチェックして、サプライズが期待できる会社を探しているのです。

そのため、**たとえ😊😊や⬆⬆がついた会社でも、業績の上方修正期待が、すでに株価へ織り込まれてしまっているケースがあります。**

😊😊や⬆⬆がついた会社を見つけたら、まずきちんと「業績欄」を読み、上方修正が本業の成長によるものなのか、あるいは経費の削減など一時的な要因で利益が増えたのか、来期につながる増額なのか、質を確認することが大切です。

続いて、『四季報』のチャート欄で株価の位置を確認するとともに、予想PERやPBRなどを見て、株価がすでに高値圏へ上昇してしまっていないか、割高感が出ていないかを点検しましょう。株式投資で勝つためには、まだ割安感がある銘柄を探すことが大切なのです。

04 実質利回りの高い「お得」な会社の見つけ方

最近話題の株主優待の内容をチェックして、配当利回り以上にお得な銘柄を探し出そう!

1100社以上が株主優待制度を導入

　今、会社と個人株主双方の間で注目されているのが「株主優待制度」です。株主優待制度とは、会社が配当金とは別に株主に対して自社商品や自社施設の利用券や割引券、クオカードをはじめとする金券など、商品やサービスを提供することです。

　会社にとってみれば、銀行や取引先との株式持ち合いが崩れつつあるなか、**中長期で保有してくれる個人株主を増やすため、あるいは自社商品やサービスに対する理解や愛着を深めてもらうためなどのメリットがあり、年々、株主優待制度を導入する会社が増えています。**現在では、食品などメーカーや小売り、外食、レジャー、鉄道・空運をはじめとして1100社以上の会社が、さまざまな株主優待制度を設けています。

　一方、個人投資家にとってみれば、**株価の上昇による値上がり益や配当金のほか、その会社の新商品や割引券、利用券などをもらうことができます。**株主優待だけで暮らしている元棋士の桐谷広人さんではありませんが、株主優待制度を上手に利用すれば、普通では買えない

株主限定の商品をもらうこともできます。また、商品券など金額換算が可能なものであれば、配当金と合わせて高い利回りを得ることも可能です。

株主限定のオリジナルビールや人形も

　『会社四季報』では、毎号、会社にアンケート調査を行い、巻末に株主優待制度の一覧を掲載しています。

　①は証券コード、②は社名、③は株主優待をもらうことができる権利が確定する月を示しています。〈3月〉は3月のみ、〈3月、9月〉など複数の月の場合は3月と9月の年2回、株主優待をもらうことができるという意味です。④は株主優待をもらうことができるために必要な株数、⑤は株主優待の内容です。

　たとえば、③が〈3月、9月〉、④100以上、⑤が自社商品券2枚とあれば、3月末と9月末にその会社の株を100株保有していれば、年2回、それぞれ自社商品券が2枚ずつもらえます。

　また、保有株数で株主優待の内容が異なる場合は、100以上自社商品券2枚、500以上自社商品券5枚、1000以上自社商品券10枚など、保有株数ごとにもらえる株主優待の内容を掲載しています。

　保有株数によってもらえる商品が異なる場合もあります。そうした場合は、100以上自社商品、1000以上2000円相当の図書カードなどと掲載しており、1000株以上の株を保有していれば、自社商品と図書カードの両方がもらえるという意味になります。

　なかには、**本社や工場がある地域の名産品を株主に贈呈している会社や株主限定商品を作っている会社もあります**。たとえば、アサヒグループホールディングス（2502）は株主限定のビール、エイベックス・グループ・ホールディングス（7860）は株主限定CD、株主限定DVDを作成しています。株主優待制度を活用すれば、株式投資の意

話題の株主優待をチェック！

■例1
① 1234
② 東洋経済
③〈3月、9月〉
④ 100以上 / 500〃 / 1,000〃　2枚 / 5 / 10
⑤ 自社商品券

→ 保有株数で内容が異なる。

■例2
① 1234
② 東洋経済
③〈3月〉
④ 100以上 / 1,000以上
⑤ 自社商品（投資情報誌）／ 2,000円相当の図書カード

→ 1000株以上の株主は両方もらえる。

会社名〈権利確定時〉	株数	優待方法
1301 極洋〈3月〉	1,000以上	5,000円相当の自社製品（缶詰等）
1333 マルハニチロ〈3月〉	100以上	自社グループ取扱商品 ※フルーツゼリー・のり・ソーセージ等5点より1点選択
1377 サカタのタネ〈5月〉	100以上	通信販売部「サカタ友の会」1年間会費無料
	100以上 / 500〃 / 1,000〃	1枚（500円）/ 1枚（1,000円）/ 2枚（1,000円）花とみどりのギフト券 ※上記は14年実績
1379 ホクト〈3月〉	100以上	自社製品（きのこ数種類）※発送は10月〜11月
1380 秋川牧園〈3月〉	1,000以上	3,500円相当の自社製品セット（鶏肉等）
1381 アクシーズ〈6月〉	500以上	自社ブランド商品（鶏肉加工食品）
1408 サムシングホールディングス〈12月〉	100以上 / 500〃	2kg分 / 5 おこめ券

会社名〈権利確定時〉	株数	優待方法
1417 ミライト・ホールディングス〈3月〉	100以上	1,000円相当のギフトカード
1419 タマホーム【新規】〈5月、11月〉	100以上 / 1,000〃 / 10,000〃	①自社グループ利用優待券（住宅購入時およびリフォーム時請負金額割引）または②500円相当のオリジナルクオカード ①1%割引または② / ①2%割引または② / ①3%割引または② ※優待品に代えて環境基金への寄付選択可 ※3年以上継続して保有の場合、①・②は10割増
1420 サンヨーホームズ〈3月〉	500以上	優待券1枚 ※生活支援サービス3,000円割引またはリフォーム工事100万円（税抜）以上の契約で30,000円割引または3,000円相当の防災グッズ。防災グッズは防災ラジオ、LEDランタン、非常食等より選択
1515 日鉄鉱業〈3月〉	1,000以上 / 5,000〃 / 10,000〃	1箱 / 2 / 5 ミネラルウォーター（1.0ℓ入12本）
1718 美樹工業〈12月、6月〉	1,000以上	野菜（ブロッコリーの新芽・国産チコリ等）

1100社以上の会社が株主優待を導入している！

外な魅力を再発見するチャンスになるかもしれません。

　なお、ここでは、継続的に行われる株主優待について掲載しています。社名の横に「新規」とあれば今号から新たに掲載された株主優待であること、「変更」とあれば前号から株主優待の内容に大幅な変更があったことを示しています。

配当と株主優待のダブルで稼ぐ

株主優待を含めると意外に「お得な」会社がある！

実質配当利回りランキング

順位	コード	社名	実質利回り(%)	優待利回り(%)	内容
1	8107	キムラタン	50.00	50.00	買物券
2	3772	ウェルス・マネ	38.04	38.04	サービス利用権
3	4563	アンジェスMG	30.49	30.49	買物券
4	3726	フォーシーズH	27.70	27.70	株主優待券
5	2453	JBRシステム	20.95	19.76	自社サービス割引券
6	2666	オートウェーブ	20.00	20.00	買物割引券
7	2159	フルスピード	19.09	19.09	自社サービス無料券
8	4650	SDエンター	13.88	13.04	グループ商品
9	2656	ベクター	13.09	13.09	ゲーム利用券
10	3205	ダイドー	13.08	10.39	自社取扱商品

- 優待利回りと配当利回りを合計した利回り。
- 株主優待の内容を金額に換算して利回りを算出。

配当と優待のダブルで稼ぐ

　株主優待の魅力は、株主優待でもらえる商品やサービス券だけに限りません。株主優待と配当金の両方で稼ぐことができる「お得銘柄」を探すこともできます。たとえば、株価500円で売買単位が100株、配当金が年10円で、100株以上の株主に1000円相当の自社商品券を発行している会社があるとします。投資額5万円に対して配当金の総額は1000円ですので、配当利回りは2％になります。しかし、自社商品券を含めると利回りは4％にもなるのです。**配当利回り自体はそれほど高くなくても、株主優待を含めた実質利回りが10％を超える会社は決して少なくありません。**

　『四季報』では毎号、株主優待を金額に換算して1株当たりの金額を算出した後、株価で割って株主優待の利回りを算出し、予想配当利回りと合計したものを「実質配当利回りランキング」として掲載していますので、意外な「お得銘柄」を探す参考にしてください。

05 個別銘柄以外にも投資対象がある

証券取引所で日本銀行の株も買える!?　『四季報』を活用すれば、J-REIT、ETF、ETNなど、投資のチャンスが広がる。

日本銀行の出資証券はいくらで購入できるの?

　証券取引所で売買されているのは、普通株式だけではありません。『四季報』は、こうした普通株以外の出資証券等を上場する会社や、不動産投資信託も掲載しています。

　出資証券を上場しているのは、日本の中央銀行である日本銀行（8301）と、信用金庫の中央金融機関である信金中央金庫（8421）です。日本銀行はJASDAQに、信金中央金庫は東証1部に上場しています。出資証券は普通株式と同様に売買できます。ただ、議決権はありません。**日本銀行の出資証券の株価は5万円前後、売買単位100口ですから、およそ500万円あれば日本銀行に投資できます。**

　『四季報』には、東京証券取引所に上場している外国企業の情報も掲載しています。2015年5月現在、バンク・オブ・アメリカ（8648）、AIG（8685）、アフラック（8686）、ダウ・ケミカル（4850）などが上場しています。05年11月には、韓国・鉄鋼大手のポスコ（5412）が東京証券取引所に米国預託証券（ADR）を上場しました。ADRとは、外国企業などが米ドル建てで発行する記名式で譲渡可能な預かり証券

出資証券やREITの詳しいデータも掲載

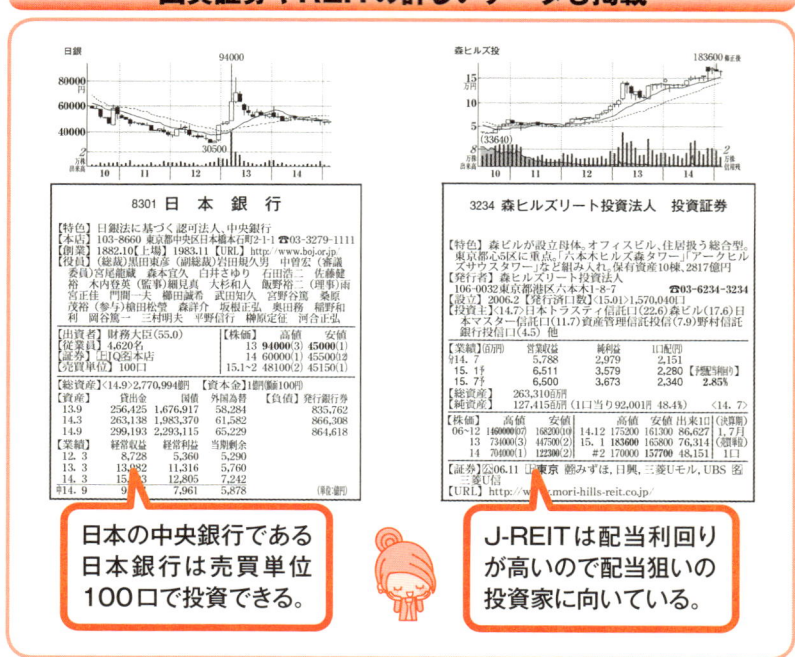

日本の中央銀行である日本銀行は売買単位100口で投資できる。

J-REITは配当利回りが高いので配当狙いの投資家に向いている。

で、日本でADRが発行されたのはポスコが初めてです。

J-REITは配当利回りに注目を

　2001年9月にJ-REIT（ジェイリート）と呼ばれる不動産投資信託の市場が東京証券取引所に開設されました。不動産投資信託とは、複数の投資家から集めた資金を賃貸ビル・住居などの不動産で運用し、その賃貸料収入から投資家へ分配金を支払うという金融商品です。

　J-REITの数は、徐々に増えて、15年春時点で50本が上場しています。**J-REITには、普通株式に比べて配当利回りが高いという特長があり、配当狙いの投資家に向いている金融商品です。**

　とはいえ、元本保証ではなく、金利動向などに応じて価格が下落す

るリスクがあります。また、上場銘柄数が増加するにつれて、組み入れ対象も多様化しており、投資に当たっては株式と同様に銘柄の選別が大事です。『四季報』では、発行者や特色などの基本情報に加えて、直近株価から算出した予想配当利回りなどを掲載しています。

リーマンショック後には、予想配当利回りが10%近くある銘柄がありましたが、直近では3%台が増えているようです。

市場「全体」を購入できるETF、ETN

ETF（上場投資信託）は、普通の上場株と同様、証券取引所で売買できる指数連動型投資信託です。日経平均株価や東証株価指数（TOPIX）などにできるだけ値動きを近づけるように設定されています。

このため、日経平均を対象とするETFだと、日経平均を大きく超える投資成果を得ることはできません。その反面、**日経225の採用銘柄に幅広く分散して投資されているため、値動きの激しい個別株投資と比べると、「市場全体を買っている」という安心感があります。**

ETFは、裏づけとなる現物資産を保有していて、信託銀行に資産を保管しています。たとえば、TOPIX連動型ETFの場合、対象指数と連動させるために東証1部の約1800銘柄の現物株式を裏づけ資産として保有しています。

一方、ETN（指標連動証券）は、金融機関がその信用力を元に発行する証券で、裏づけ資産を必要としない点が特徴です。取引自体は、ETFと同様に証券取引所で売買できます。**ETNを使えば、外国人への投資規制が存在する新興国株式や希少資源、農産物のように現物資産保有が困難な指数を対象とした投資も可能になります。**

『四季報』では、上場しているすべてのETF、ETNをその種類別に掲載しています。純資産残高、信託報酬に加えて、月間売買代金も掲載していますので、流動性の高さを知ることができます。

06 新規公開株を先取りする

新規公開株は短期間に利益を得られることが多いものの、ハイリスク・ハイリターン。事前のチェックをしっかり忘れずに。

新規公開株の価格はこう決まる

　2015年は新たに株式市場へ上場する会社数が07年以来、8年ぶりに100社を超えると見られています。『四季報』は、こうした上場直後の会社も、独自の調査・取材を踏まえて情報提供しています。『四季報』発売後に上場予定の会社については、巻末の「最新上場会社」に、事業内容や経営成績など、基本情報をまとめています。

　成長企業への期待は大きく、最近は初値（証券取引所で最初につく価格）が公開価格を大きく上回り、株主が短期間で利益を手にできるケースが多く見られます。では、こうした新規公開企業の株主になるには、どうすればよいのでしょう。

　会社が新規株式公開を決めると、主幹事となる証券会社は銀行や投資会社など機関投資家に希望購入価格に関する意見を聞き、購入を希望する投資家へ、提示する株価の範囲を決めます。この価格帯を「仮条件価格」と呼び、この価格に基づいて、証券会社は、投資家から購入希望株数と価格の申し込みを受け付けます。これが「ブックビルディング」です。その後、主幹事証券会社は投資家の予約状況などを

新規上場会社はここをチェック！

役員と株主構成を合わせて見ると、創業社長かサラリーマン社長か判別できる。

事業内容と従業員数、設立年を見れば、会社の規模がイメージできる。

大株主にベンチャーキャピタルがいれば、一定の売却不可（ロックアップ）期間後は利益確定売り圧力が強まりやすい。

上場予定日と主幹事証券会社のチェックは必須！ 主幹事証券によって上場後の成長性にバラツキが出やすい。

業績や財務面に不安がないかチェック。決算期の横の*は1株益や1株配が株式分割遡及修正後の数値であることを示す。

新規公開株への投資はハイリスク・ハイリターンが原則！

考慮した上で公開価格を決定します。そして、**申し込みが多数の場合は、原則として抽選で割り当てを決めるのです。**

ハイリスク・ハイリターンが原則

新規上場会社は株数が少ないこともあり、値動きは荒くなりがちです。まだ経営基盤が弱いことも多く、**公開後数年で上場廃止となった例もあり、新規公開株への投資はハイリスク・ハイリターンです。**

こうした点を踏まえ、証券会社では新規公開株割り当ての際、投資経験や資金力を考慮することがあります。配分ルールは証券会社によって異なる場合がありますので、事前に問い合わせてください。

新規上場会社は上場を認められた時点で、リスク情報などをまとめた「目論見書」を開示します。会社のホームページや金融庁が運営する「EDINET」で見られますので、のぞいてみてください。

07 姉妹誌『四季報プロ500』で厳選銘柄を深読みする

個人投資家が知りたい投資情報が満載の『プロ500』を活用すれば、お宝銘柄を先取りできる！

編集部が厳選した銘柄の実践に即した情報

　株式投資の銘柄選びについて、詳しく知りたいという方に便利なのが、『四季報』の姉妹誌『会社四季報プロ500』です。

　『四季報』は、会社の基本情報や財務諸表に記載されている主要なデータに加え、独自取材に基づくファンダメンタルズ分析、業績予想などが掲載されている点が特徴です。

　これに対して『プロ500』は、**財務や業績予想などのほか、輸出関連か内需関連か、あるいは材料性のある株かなど、銘柄としての特性や、株価チャートをはじめとするテクニカル分析に必要な材料をそろえ、編集部が銘柄ごとに、株価診断などをまとめています。**

　『四季報』がすべての上場会社を掲載しているのに対し、『プロ500』は、毎号、編集部が独自に厳選した500銘柄に絞って掲載しています。なかでも1ページを使った本命銘柄の解説では、成長性や収益性、健全性、予想PER、PBRなどによるライバル会社との比較や、四季報記者のチェックポイントを掲載しています。チャートも短期の値動きに対応できるように週足チャートを採用、株価が動いた背景な

第8章 お宝株を見つける裏技は？

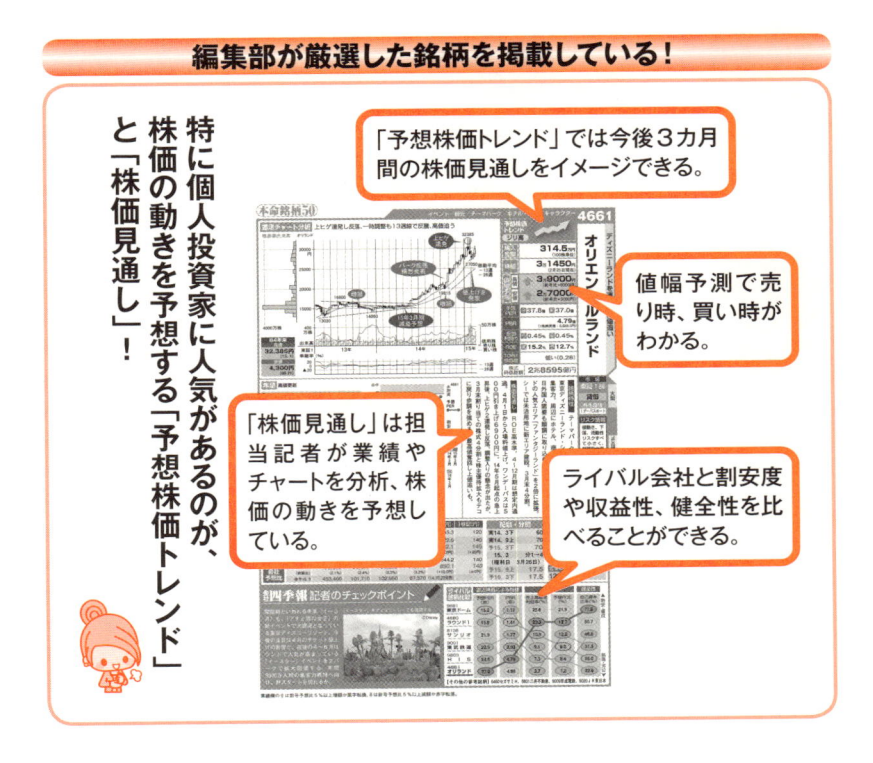

編集部が厳選した銘柄を掲載している！

特に個人投資家に人気があるのが、株価の動きを予想する「予想株価トレンド」と「株価見通し」！

「予想株価トレンド」では今後3カ月間の株価見通しをイメージできる。

値幅予測で売り時、買い時がわかる。

「株価見通し」は担当記者が業績やチャートを分析、株価の動きを予想している。

ライバル会社と割安度や収益性、健全性を比べることができる。

どを解説した吹き出しも書き込んであり、株価のトレンドがひと目でわかるように工夫しています。

値幅予測で買い時や売り時を探る

『プロ500』の中で、特に**個人投資家に人気があるのが、株価の動きを予想する「予想株価トレンド」と「株価見通し」**です。

「トレンド」では、矢印でジリ高、反発期待、底入れ、ボックス、ジリ安など、今後の3カ月間の株価見通しのイメージを予測します。

記事欄の「株価見通し」では、担当記者が業績見通しや予想PERなどバリュエーション面、移動平均線を使ったテクニカル面などを総合的に判断して、株価の動きを予想しています。

08 プロ並みのスクリーニング力を『CD-ROM』で身につける

『四季報』の誌面にはないデータを含め、CD-ROMのスクリーニングや検索でお宝株を抽出する！

プロも満足する情報量

　機関投資家など株式のプロ並みの情報収集力や分析力を身につけたいと考えている人にとって、最適のツールといえるのが『四季報』のデジタル版『会社四季報CD-ROM』です。

　特徴の1つはその情報量です。東洋経済では、上場会社についてさまざまな情報を収集していますが、『四季報』は誌面という制約があるため情報をすべて掲載することはできません。しかし、**会社四季報CD-ROM』はこうした制約が少ないため、紙版『四季報』にはないデータも掲載しています。**たとえば、「四季報画面」の【業績】をクリックすると、業績データは実績10期分と予想2期分の計12期分の売上高や営業利益、経常利益、純利益、1株益、【財務】をクリックすると、連結、単独それぞれ3期分の貸借対照表、損益計算書にアクセスすることができます。また、【株主】では直近3期分の株主上位10名などの推移、【資本異動】では上場以来のデータを見ることができます。株価データも豊富で、日足、週足、月足、年足のチャートを収録している上、インターネットで最新の株価をダウンロードすることができます。

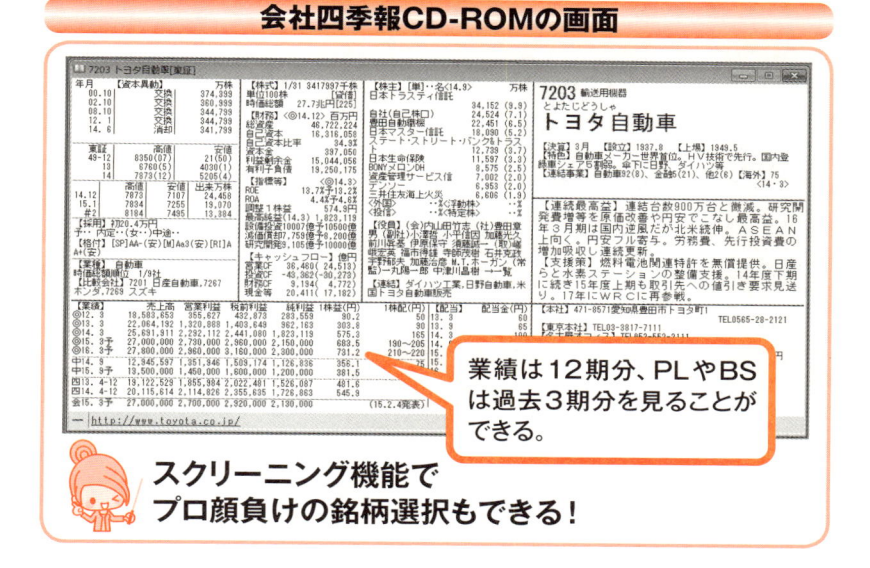

会社四季報CD-ROMの画面

業績は12期分、PLやBSは過去3期分を見ることができる。

スクリーニング機能で
プロ顔負けの銘柄選択もできる！

初心者も、プロ顔負けの銘柄検索が簡単にできる

　もう1つの特徴は、そのスクリーニングや検索力です。スクリーニングは、予想PER15倍以下などの初級者向けから、会社計画に比べて四季報予想が強気の会社など中級者向け、連結EV/EBITDA（企業価値の利払い・税引き前、償却前利益に対する比率）などプロ並みの上級者向け機能が用意されています。また、**自分でいくつかの条件を組み合わせて銘柄選択を行うこともできます**。

　検索では、誌面の本文、特色、事業構成を対象に、「円安効果」「アナ雪」「インバウンド」など検索する言葉を入力すると、記事でその言葉が使われている会社を表示できますので、**株式のテーマに沿った銘柄選びができます**。さらに、増益率や収益力、効率性、成長性、安全性、会社の規模、株主、月間出来高、信用倍率など、さまざまな視点からランキングを自分で作成することができるので便利です。

09 四季報オンラインで最新情報をウォッチ!

詳細情報や最新情報を掲載している「四季報オンライン」を使えば、超サプライズ銘柄を発掘できる!

詳細情報と最新情報は「四季報オンライン」で入手しよう

　Web版『四季報』は、「会社四季報オンライン」として2013年12月にリニューアルをしました。「四季報オンライン」の特徴は、紙版『四季報』よりも情報量が多く、最新情報が掲載されていることです。

　特筆すべきは「会社プロフィール」で、その会社の沿革や収益構造、課題などをコンパクトに解説しています。

　適時開示情報や、「四季報オンライン」「東洋経済オンライン」に掲載された記事の一覧を呼び出すことも可能です。「アーカイブ」機能を使うと、**創刊以来の『四季報』のバックナンバーの画面を閲覧する**ことができます。

業績予想の修正情報がすぐにわかる

　キーワード検索を使うと、『四季報』の本文や特色、事業構成、住所などを使って検索できます。たとえば、【絶好調】という見出しの会社を誌面で探すのは大変ですが、「四季報オンライン」のキーワード

より詳しく、新しい情報が満載

https://shikiho.jp

- 会社の沿革、収益源、課題などを解説。（200字特色）
- 創刊以来のバックナンバーも閲覧できる。
- 株式の大量保有報告書をまとめた記事が閲覧できる。
- 前号の四季報予想に近い数字に会社が上方修正！

業績予想の修正情報がすぐわかるので、超サプライズ銘柄を発掘できる！

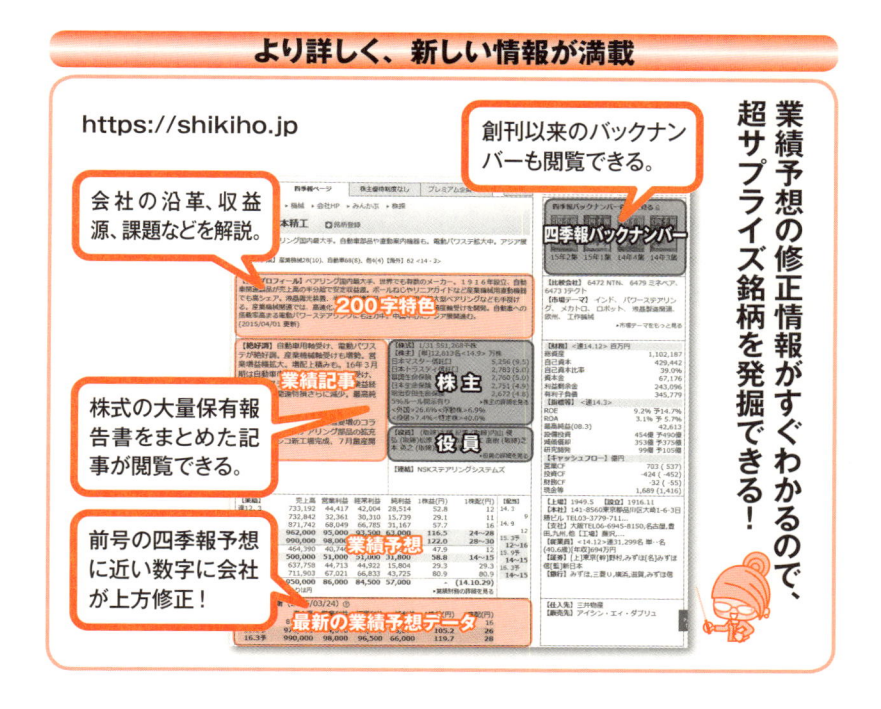

検索を使えば、簡単に見つけ出すことができるのです。

　常に最新の情報を見られるということもオンラインならではの魅力です。『四季報』は紙媒体のため締め切りがあります。締め切りや発売後に発表された情報は誌面に掲載することはできませんが、オンラインは日々会社から発表された業績予想の修正情報などをフォローしていますので、アップデートされた情報を得ることができます。

　また、**『四季報』の発売直前には、お宝銘柄情報「四季報先取り超サプライズ！」を読むことができます。**

　紙版『四季報』は、コンパクトな作りになっているので会社を包括的に調べるのに便利です。一方、Web版「四季報オンライン」は、詳細情報や最新情報を入手できるというメリットがあります。両方の『四季報』を活用して、お宝銘柄を発掘してください。

索　引

＊太字は四季報主項目

A～Z，記号

BIS基準…87
BS…64
CF…76, 145
ETF…227
ETN…227
GPIF…156
IFRS…112
J-REIT…226
M&A…133
PBR…174.
PER…172
PL…94
ROA…178
ROE…176
SEC基準…113
😊（会社比強気）マーク…26, 157
⬆（前号比修正矢印）…26, 157

ア行

預かり資産…91
アノマリー…204
移動平均線…196
売上高…97
売上高営業利益率…98
営業所…47
営業CF…76, 146
営業CFマージン…148
営業利益…101
大型株…190

カ行

海外…43

海外売上比率…43
外国人持株比率…154
会社計画…14
会社四季報CD-ROM…232
会社四季報オンライン…234
会社四季報プロ500…230
各号の特徴…28
格付…84
カストディアン…56
株価…201
株価指標…173, 181, 186
株式…186
株式分割…110, 150
株主…56
株主優待制度…221
下方修正…15, 160, 162
監査法人…55
幹事証券…54
巻頭ランキング…214
機関投資家…156
企業グループ…37, 53
逆ザヤ額…90
キャッシュフロー…76, 146
キャッシュフロー計算書…76, 145
キャッシュフロー比率…148
疑義注記…81
業界順位…36
業種…34, 170
業種別業績展望…170, 212
業績…94, 162
業績欄…20, 121, 124
業績欄の見出し…22, 26, 121
銀行…52
経常利益…103

継続前提…81
決算…35
減価償却…138
研究開発費…140
現金同等物…66
減損…71
減損会計…105
工場…47
公募増資…149
ゴールデンクロス…198
今号のポイント…210

サ行

最低購入額…186
財務…64
財務CF…77, 147
財務三表…64, 145
債務超過…75
材料欄…24, 130
材料欄の見出し…134
サプライズ銘柄…219
仕入先…60, 168
時価評価主義…72
四季報予想…14, 95, 157
事業構成…41
事業内容…36
資金…43
資金構成…43
自己株買い…71, 150
自己資本…64
自己資本規制比率…90
自己資本比率…65, 71, 86
資産…43
資産運用比率…43
実質利回り…221
支店…47
四半期決算…162

指標等…108, 138
資本異動…71, 149
資本金…65
社長…58
社名…34
従業員…48
従業員数…48
重要事象…81
出資証券…225
主力事業…40
純利益…94, 105
証券…54
証券コード…32
上場…45
上場市場…188
上場廃止…83
上場廃止基準…80
上方修正…15, 160, 162
新規公開株…228
信用残…200
信用取引…190, 200
税効果会計…106
設備投資…138
設立…44
総還元性向…166
増資…142
総資産…64
増配…110, 164
相場テーマ…168
ソルベンシー・マージン比率…89
✓ 損益決算書…94

タ行

第三者割当増資…149
✓ 貸借対照表…64
短期投資…202
単元株…186

単独事業…40
チャート欄…194
中間決算…162
中期経営計画…132
中小型株…190
中長期投資…203
出来高…200
デッドクロス…198
投資CF…77, 146
東証33業種…34
同族会社…59
東洋経済業種…34
特色…36
特定株…189
取引銀行…52

ナ行

内部留保…74
2期目予想…96
日本会計基準…112
日本版IFRS…120
年収…51

ハ行

配当…110, 164
配当性向…164
配当利回り…166
発行済み株式数…188
販売先…60, 168
比較会社…169

1株益…108
1株配…110
1人当たり売上高…48
負債資本倍率…68
浮動株…189
不良債権…88
平均年齢…49
貿易…43
本社…46

マ行

見出しランキング…212
メインバンク…52

ヤ行

役員…58
融資…43
融資比率…43
優先株式…149
有利子負債…65
輸出…43
予想PER…172

ラ行

利益剰余金…65, 74
リスク情報…136
連結事業…40
連想売り…61
連想買い…61
ローソク足…192

株で勝つ！　会社四季報超活用法
2015年6月25日発行

編　者──会社四季報編集部
発行者──山縣裕一郎
発行所──東洋経済新報社
　　　　〒103-8345　東京都中央区日本橋本石町1-2-1
　　　　電話＝東洋経済コールセンター　03(5605)7021
　　　　http://toyokeizai.net/

装　丁…………萩原弦一郎・橋本　雪（デジカル）
ＤＴＰ…………アイランドコレクション
イラスト………トラノスケ
印　刷…………東港出版印刷
製　本…………積信堂
編集担当………水野一誠
Printed in Japan　　ISBN 978-4-492-73324-0

本書のコピー、スキャン、デジタル化等の無断複製は、著作権法上での例外である私的利用を除き禁じられています。本書を代行業者等の第三者に依頼してコピー、スキャンやデジタル化することは、たとえ個人や家庭内での利用であっても一切認められておりません。
落丁・乱丁本はお取替えいたします。